2016-2017年

宁波纺织服装产业发展报告

夏春玲 魏 明 刘霞玲 裘晓雯 等编著

东华大学出版社·上海

图书在版编目(CIP)数据

2016—2017年宁波纺织服装产业发展报告 /夏春玲等编
著. —上海：东华大学出版社,2017.9
ISBN 978-7-5669-1268-8

Ⅰ.①2… Ⅱ.①夏… Ⅲ.①纺织工业—产业发展—研
究报告—宁波—2016—2017②服装工业—产业发展—研
究报告—宁波—2016—2017 Ⅳ.①F426.81

中国版本图书馆 CIP 数据核字(2017)第 198819 号

责任编辑　曹晓虹
封面设计　姚大斌

2016—2017年宁波纺织服装产业发展报告

夏春玲　魏　明　刘霞玲　裘晓雯　等编著

出 版 发 行：东华大学出版社(上海市延安西路 1882 号　邮政编码:200051)
联 系 电 话：编辑部　021-62379902
营 销 中 心：021-62193056　62373056
出版社网址：http://www.dhupress.net
天猫旗舰店：http://dhdx.tmall.com
印　　　刷：江苏省南通印刷总厂有限公司
开　　　本：710 mm×1000 mm　1/16
印　　　张：7.25
字　　　数：197 千
版　　　次：2017 年 10 月第 1 版
印　　　次：2017 年 10 月第 1 次印刷
书　　　号：ISBN 978-7-5669-1268-8
定　　　价：78.00 元

2016—2017 年宁波纺织服装产业发展报告
课题组成员

课题顾问委员会

陈国强　中国服装协会产业经济研究所所长,中国服装协会副会长

王梅珍　浙江纺织服装职业技术学院院长

陈运能　浙江纺织服装职业技术学院副院长

周安邦　宁波纺织服装行业管理办原主任

李如刚　宁波服装协会会长

张晓峰　宁波服装协会秘书长

冯盈之　浙江纺织服装职业技术学院文化研究院院长

课题研究组:宁波纺织服装产业经济研究所

课题负责人:夏春玲

课题核心成员:夏春玲　魏　明　刘霞玲　裘晓雯　林建萍

前　言

2016—2017 年《宁波纺织服装产业发展报告》是由浙江纺织服装职业技术学院主持、自 2010 年起连续编著完成的第七本《宁波纺织服装产业发展报告》(白皮书)。浙江纺织服装职业技术学院作为宁波唯一一所以纺织服装为行业特色的高等学校,责无旁贷地担当着宁波纺织服装产业发展研究的重任。在宁波市委、市政府的领导下,在宁波纺织服装行业管理部门和机构的大力支持下,学院始终秉承产学研的办学理念,积极致力于宁波市纺织服装产业的发展研究,充分发挥学院在纺织服装产业的教学优势和产学研优势,深入行业企业开展调研,携手行业同仁为宁波纺织服装产业的发展提供实证数据分析和前沿理论,努力为纺织服装产业发展提供有效服务。

2016—2017 年《宁波纺织服装产业发展报告》包括:上篇——宁波纺织服装产业运行分析,主要是对宁波纺织服装产业 2016 年主要经济指标和发展新现象进行分析,把握产业运行态势和发展亮点;下篇——产业创新发展专题研究篇章,从产业的智能制造、企业创新、一带一路和区域发展等方面进行产业研究,旨在通过经验总结和理论分析促进产业转型升级。

2016—2017 年《宁波纺织服装产业发展报告》由浙江纺织服装职业技术学院主持,研究顾问团队由行业资深研究专家、行业管理主管人员、行业协会会长、副会长等组成,课题研究成员具有多年宁波纺织服装产业经济研究经验和并取得大量成果,团队实力强大。夏春玲负责研究工作组织及全书统稿工作,并完成上篇一、三和下篇四(二、三、四)的主要内容撰写;魏明完成下篇一内容的撰写;刘霞玲完成第上篇二、下篇三主要内容撰写,裘晓雯完成下篇二内容的撰写;林建萍完成下篇四(一)内容撰写。

中国服装协会副会长、中国服装产业经济研究所所长陈国强先生对报告主旨、脉络与结构给予指导并提供相关资讯;浙江纺织服装职业技术学院王梅珍院长对课题高度关注,陈运能副院长对调研、专家咨询给予倾力支持;在编写过程中,宁波市纺织服装行业管理办公室原主任周安邦给予全力支持,宁波市服装协会给予许多帮助。在此,对所有辛勤工作的同仁们表示衷心感谢! 对所有给予支持和帮助的领导、朋友们表示衷心感谢!

在课题研究中我们参阅了许多资料、案例和相关研究成果,相关的企业提供了丰富的资料,在此一并表示衷心感谢! 由于编者水平有限,不足之处在所难免,敬请指正!

课题研究组
2017 年 6 月

目　录

上篇　产业运行分析

一、产业发展经济环境 3

　　（一）国际环境 3

　　（二）国内环境 4

二、2016 年宁波纺织服装产业运行分析 6

　　（一）工业总产值略增长，出口继续下滑 7

　　（二）利润和利税增长，纺织业增长贡献大 8

　　（三）以国内市场为主，内销连续两年上升 10

　　（四）纺织服装业亏损面大，纺织业情况好转 13

　　（五）销售费用大幅增加，而营业税金和财务费用大幅下降 14

　　（六）科技创新主要为自主研发 16

　　（七）人均报酬和利润增长，税负下降 17

　　（八）资产利润率和周转率下降 21

三、宁波纺织服装产业发展分析 26

　　（一）产业运行平稳，发展压力未有缓释 26

　　（二）智造领衔产业升级，科技文化促企业转型 27

　　（三）新经济注入新活力，平台模式彰显优势 28

下篇　产业创新发展专题研究

一、服装产业"智能制造"研究 35
　　（一）智能制造与智能经济 35
　　（二）经验借鉴——主要发达工业国家智能制造政策 37
　　（三）产业切入——宁波纺织服装产业智能制造的切入点 41
　　（四）亮点特色——宁波纺织服装企业智能制造的典型案例 45
　　（五）展望发展——宁波纺织服装产业智能制造推进策略 55

二、"太平鸟"集团创新研究 59
　　（一）四次创新，抢滩中国服装版图 59
　　（二）专注服装主业，坚守时尚阵地 60
　　（三）跨界营销、互动营销，实现精准营销 62
　　（四）四轮驱动，全渠道营销 63
　　（五）紧盯年轻态生活方式，打造快时尚商业模式 64

三、"一路一带"倡议下宁波纺织服装行业外向型发展研究 68
　　（一）项目研究的背景 68
　　（二）项目研究的意义 69
　　（三）国内外相关研究与实践 70
　　（四）"一路一带"倡议对宁波纺织服装行业的影响：SWOT 格局的优化 ... 72
　　（五）"一路一带"倡议下宁波纺织服装行业外向型发展的路径 74
　　（六）"一路一带"倡议下宁波纺织服装行业外向型发展的保障机制 79

四、奉化区域服装产业发展研究 82
　　（一）奉化区服装产业基本面分析 83
　　（二）奉化区服装产业特点 89
　　（三）压力与存在问题 91
　　（四）产业发展机遇 102
　　（五）产业发展建议 104

上 篇

产业运行分析

当下,世界时尚领域正在发生深刻而长远的变化,挑战与机遇并存。全球经济增长乏力、民粹主义思潮涌现、产业跨国联合加速、新品牌兴起精彩纷呈、互联网消费快速发展、绿色环保理念深入人心,人类的时尚生活变得前所未有的多元而丰富,全球时尚生态链正在加快融合与重构。

一、产业发展经济环境

全球经济处于深度调整态势,挑战重重;中国经济处于多重叠加、行业结构转型和金融改革提速的重要节点。在世界经济变化、国际产业调整、科技变革的大趋势中,在国际市场需求持续低迷、国内消费升级变革的挑战中,在生产综合成本持续攀升、生产效率倒逼产业链优化重构的压力下,产业发展环境复杂多变。

(一) 国 际 环 境

全球经济复苏乏力。当前,世界经济走到一个挑战性的档口。一方面,全球经济复苏仍然乏力,增长动力不足,经济全球化遇到波折,保护主义抬头,贸易和投资低迷,全球性挑战加剧世界经济不确定性。另一方面,新一轮科技和产业革命正在兴起,国际分工体系加速演变,全球价值链深度重塑,给经济全球化赋予了新的内涵。

经济、贸易均呈低增长。从经济发展的周期看,全球经济增速呈现阶段波动、总体下降的趋势。世界经济仍处于危机后的深度调整阶段,增长预期不断下调。发达经济体增长持续低迷,私人投资增长放缓,消费需求疲弱,缺乏强劲复苏动力;新兴经济体增长缓中趋稳,但分化态势加剧。

在全球经济增长保持低速态势的同时,全球贸易量增速下降。同时,在世界经济形势低迷、经济增长动力缺乏的情况下,更高标准的贸易规则竞争与非理性贸易保护主义加剧,将会使全球贸易进一步收缩。全球经济增长疲弱已成常态,贸易收缩也将成为常态。据相关资料,全球有三分之一的贸易救济措施直接针对中国。据商务部统计,中国已连续21年成为全球遭遇反倾销调查最多的国家,连续10年成为全球遭遇反补贴调查最多的国家。

国际政治环境多变。世界经济复苏受到各类风险威胁的程度有所提升。英国脱欧、美国总统大选,加之欧洲难民危机、土耳其政变等地缘政治冲突重大风险事件频频扰动全球经济金融体系,对主要经济体宏观经济政策造成冲击。民粹主义抬头和逆全球化趋势,将直接或间接影响欧洲经济复苏。全球经济金融环境更加复杂、全球经济脆弱性增强。

（二）国 内 环 境

近年来,中国经济发展的国内外条件发生了深刻变化,中国经济正处于新旧动力转换和发展方式转变的新常态。一方面经济下行压力持续增大,另一方面供给结构调整和水平提高加快,经济发展方式转变加快。在经济增速换挡、结构调整的情况下,新矛盾、新问题、新风险也不断出现。

经济增速继续探底。基于总供给和总需求的分析框架判断,在供给改革调整过程中,总供给缺乏短期扩张动力,有效需求继续收缩的。一方面,总供给扩张能力下降,将出现一定程度的收缩。受到生产要素红利衰减、产业结构转型升级乏力、国有企业改革迟缓等结构性和制度性因素的制约,中长期经济增长速度继续下行将不可避免。此外,环境标准提升造成的减排投入成本增加、政策效果存在的时滞效应等负向因素也将压缩供给端的扩张幅度。另一方面,三大需求并无明显扩张迹象,收缩态势或将维持。消费方面,尽管服务业消费和网络消费增速上升所反映的消费结构变化对消费增速产生一定支撑作用,但预期收入增速下降、政府消费增速受制和边际消费倾向递减效应将继续施压消费增速。投资方面,由于产业结构升级难度较大,传统产能收缩的同时新兴产业未能及时填补,经济缺乏优质投资机会,再加上经济下行压力导致经济系统性风险上升,民间资本预期收益空间收窄,投资增速或将继续下行。外贸方面,受全球贸易量下滑、发达国家再工业化、传统比较优势衰减和贸易保护主义抬头等不利因素的影响,外贸疲弱的压力在短期内难以明显缓解,贸易顺差可能进一步收窄。

经济下行中存亮点。经济增长进入"新常态",经济下行确实带来前所未有的压力。压力当前,但也不乏亮点。一是产业结构加速升级,第三产业增长增速较快;二是消费对经济增长的贡献率明显上升,经济增长的动力结构在加速调整,消费的基础性作用不断强化;三是新市场主体继续快速增加。在经济下行压力下,尽管有些企业经营困难甚至倒闭,但又不断有企业新生,实际上企业生生死死是市场经济竞争规律发挥作用的体现;四是能源消耗进一步下降。降低消耗、减少污染是转变经济发展方式重要内容,是经济运行效益提高的重要体现;五是城乡居民收入差距进一步缩小。城乡居民平均收入增长经济增速,表明城乡居民的平均收入增幅相对稳定。

在国内外经济环境复杂多变的大背景下,宁波纺织服装产业仍在谋变、求新之路上持续发展。

二、2016 年宁波纺织服装产业运行分析

根据宁波市统计局数据,2016 年宁波市规模以上纺织服装企业共 906 家,较上年 917 家减少 11 家,占宁波市全部规模以上企业的 12.4%;本年与上年对比数据基于本年的 906 家宁波市规模以上纺织服装企业。企业从业人员 228 832 人,同比减少 2.32%,占宁波市全部规模以上企业从业人数 16.08%。近 3 年宁波市规模以上纺织服装企业基本情况如表 1-1。

表 1-1 2014—2016 年宁波市规模以上纺织服装产业基本情况

指 标	2016 年	2015 年	2014 年
企业单位数(家)	906	917	905
其中:纺织业	273	282	287
纺织服装、服饰业	566	572	548
化学纤维制造业	67	63	70
全部从业人员平均数(人)	228 832	232 354	232 296
其中:纺织业	61 370	58 249	60 912
纺织服装、服饰业	158 492	164 520	162 182
化学纤维制造业	8 970	9 585	9 202
企业平均人数	253	253	257
资产总计(亿元)	1 299.49	1 223.48	1213.14
负债总计(亿元)	707.56	683.41	699.92

资料来源:宁波市统计局。

2016 年,宁波市纺织工业较上年产值小幅增长,出口下滑,税金下滑,人均薪酬继续上涨 8.98%,应收账款继续大幅增加 24.08%,各细分行业发展不均。主要表现在以下方面:

（一）工业总产值略增长，出口继续下滑

根据宁波市统计局数据，2016 年，宁波市纺织服装产业规模以上企业工业总产值在上年回落的基础上略有上升，出口继续出现下滑。宁波市纺织服装产业 2016 年累计实现工业总产值 1 206.81 亿元，同比增长 1.02%，占宁波市全部规模以上企业的 8.36%；累计完成出口交货值 413.40 亿元，同比下降 2.33%，占宁波市全部规模以上企业的 14.68%。分析纺织、服装和化纤三大行业工业总产值，化学纤维制造业下滑较大，下降 10.36%，连续三年下降。分析三大行业出口交货值，三大行业发展不均，纺织业出口波动大，在上年大幅下滑的情况下上升 6.51%；化学纤维制造业在去年大幅下滑 11.35% 的基础上继续下降 31.19%；服装业出口相对平稳。（表 1-2～1-3，图 1-1～1-2）

表 1-2　2014—2016 年宁波市规模以上纺织服装企业产值和出口比较

项目	2014 年	2015 年	2016 年	
	同比±（%）	同比±（%）	数值（亿元）	同比±（%）
工业总产值	2.16	−1.82	1 206.81	1.02
工业销售产值	2.46	−1.51	1 168.38	0.91
出口交货值	4.00	−3.18	413.40	−2.33

资料来源：宁波市统计局。

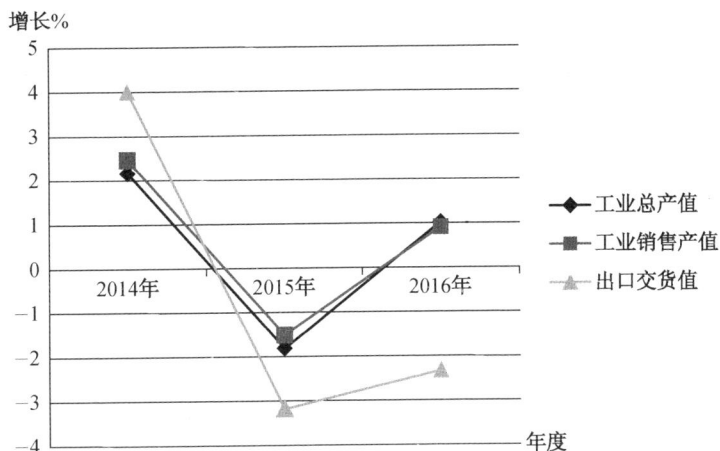

图 1-1　2014—2016 年宁波市规模以上纺织产业产值和出口增长率对比

表 1-3　2014—2016 年宁波规模以上纺织服装产业产值分行业比较

项目		2014 年	2015 年	2016 年	
		同比±(%)	同比±(%)	数值(亿元)	同比±(%)
纺织业	工业总产值	2.71	−3.09	387.40	6.51
	工业销售产值	3.43	−3.54	373.45	6.30
	出口交货值	9.59	−10.81	77.56	−1.25
纺织服装、服饰业	工业总产值	3.47	−1.03	676.10	0.75
	工业销售产值	2.64	1.06	655.58	−0.54
	出口交货值	2.56	−0.64	325.59	−1.29
化学纤维制造业	工业总产值	−4.12	−2.15	143.30	−10.36
	工业销售产值	−0.44	−7.28	139.35	−5.47
	出口交货值	4.12	−11.35	10.25	−31.19

资料来源:宁波市统计局。

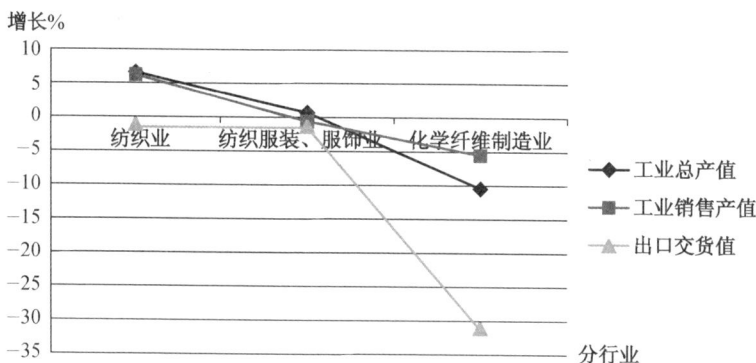

图 1-2　2016 年宁波市规模以上纺织服装产业产值增长率分行业比较

（二）利润和利税增长，纺织业增长贡献大

　　2016 年,宁波纺织服装产业规模以上企业的利润总额 65.66 亿元,同比增长4.39%,占宁波市全部规模以上企业的 6.61%;利税总额 101.51 亿元,同比增长1.19%,占宁波市全部规模以上企业的 5.81%;而税金下降 4.20%,应交增值税下降 4.71%,税金主要是增值税,税金占宁波市全部规模以上企业的4.76%。同期,宁波市全部规模以上企业利润总额同比增长 30.52%,利税总额

增长 17.97％,税金总额同比增长 4.69％,纺织服装产业利税情况弱于宁波全行业平均水平。细分三大行业,纺织业在去年增长的情况下利润和利税大幅增长;而纺织服装服饰业利润和利税在去年大幅减少的情况下继续下滑;化学纤维制造业低利税大幅波动。(表 1-4~1-5,图 1-3~1-4)

表 1-4　2014—2016 年宁波市规模以上纺织服装产业利税比较

项目	2014 年	2015 年	2016 年	
	同比±(％)	同比±(％)	数值(万元)	同比±(％)
利润总额	6.15	−9.69	656 640	4.39
税金总额	0.87	9.69	358 473	−4.20
应交增值税	−0.32	10.08	297 041	−4.70
利税总额	4.35	−3.30	1 015 113	1.19

资料来源:宁波市统计局。

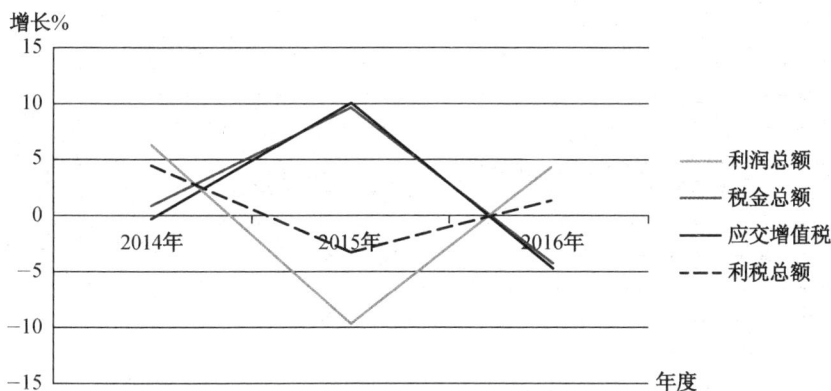

图 1-3　2014—2016 年宁波市规模以上纺织服装产业利润与税金增长率比较

表 1-5　2014—2016 年宁波市规模以上纺织服装产业利税分行业比较

项目		2014 年	2015 年	2016 年	
		同比±(％)	同比±(％)	数值(万元)	同比±(％)
纺织业	利润总额	−2.64	2.94	275 903	18.79
	税金总额	−3.15	13.62	117 492	0.89
	应交增值税	−4.01	13.44	96 159	−0.33
	利税总额	−2.80	6.31	393 394	12.81

（续表）

项目		2014 年	2015 年	2016 年	
		同比±（%）	同比±（%）	数值（万元）	同比±（%）
纺织服装、服饰业	利润总额	12.20	−16.55	375 981	−2.04
	税金总额	3.28	6.16	212 930	−6.04
	应交增值税	1.97	6.66	176 379	−6.36
	利税总额	9.27	−9.38	588 911	−3.52
化学纤维制造业	利润总额	−35.29	24.55	4 756	−63.30
	税金总额	−0.90	22.82	28 051	−9.82
	应交增值税	−2.48	24.32	24 503	−8.76
	利税总额	−11.95	23.25	32 807	−25.55

资料来源：宁波市统计局。

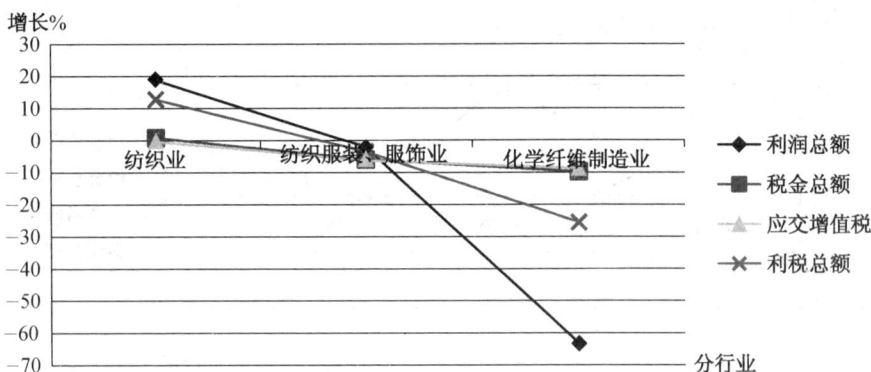

图 1-4　2016 年宁波市规模以上纺织服装产业利润与税金增长率分行业比较

（三）以国内市场为主，内销连续两年上升

从销售结构看，企业内销比重增加。2016 年宁波市规模以上企业共实现销售产值 1 168.38 亿元，其中实现内销产值 754.98 亿元，内销产值占销售总产值 64.62%，连续两年上升。2016 年三大细分行业内销比重均有增加，化纤业以内销为特征，内销产值占销售总产值的 92.64%；纺织服装、服饰业出口略低于内销。（表 1-6，图 1-5）

表 1-6   2015—2016 年宁波市规模以上纺织服装企业内销产值比较

项　目	2015 年		2016 年	
	内销产值 （亿元）	内销占销售 产值比例%	内销产值 （亿元）	内销占销售 产值比例%
纺织业	270.45	77.23	295.89	79.23
纺织服装、服饰业	321.83	49.73	330.00	50.34
化学纤维制造业	130.96	89.14	129.10	92.64
合　计	723.24	63.21	754.98	64.62

资料来源：宁波市统计局。

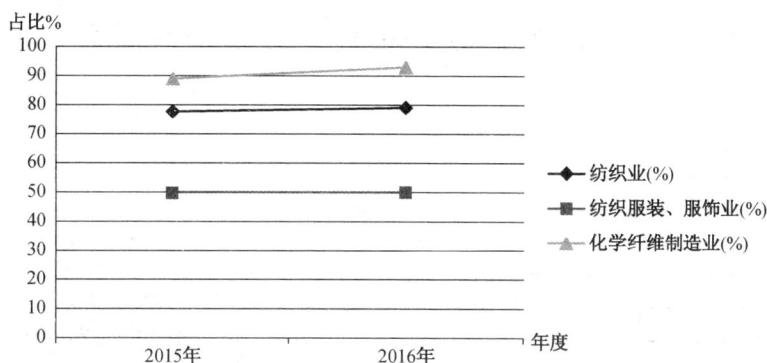

图 1-5   2015—2016 年宁波市规模以上纺织服装企业分行业内销比重图

　　从三大行业的工业总产值、出口交货值和利税总额占纺织服装产业的比重，可以从一个侧面反映出三大细分行业的不同表现。纺织服装、服饰业是出口大户。2016 年，其出口交货值占到纺织产业总出口的 78.76%；以占比 56.02% 的工业总产值贡献了 59.40% 的税金额；化学纤维制造业以内贸为主，占比 11.87% 的工业总产值其出口份额仅占 2.48%，仅创造了 0.72% 的利润；纺织业利润提高较快，占比 32.10% 的工业总产值创造了 42.02% 的利润。（表 1-7~1-8，图 1-6~1-8）

表 1-7   2015—2016 年规模以上纺织服装细分行业产值和出口所占比重

项目	工业总产值（%）		出口交货值（%）	
	2015 年	2016 年	2015 年	2016 年
纺织业	30.67	32.10	18.94	18.76
纺织服装、服饰业	55.84	56.02	77.26	78.76
化学纤维制造业	13.49	11.87	3.79	2.48

资料来源：宁波市统计局。

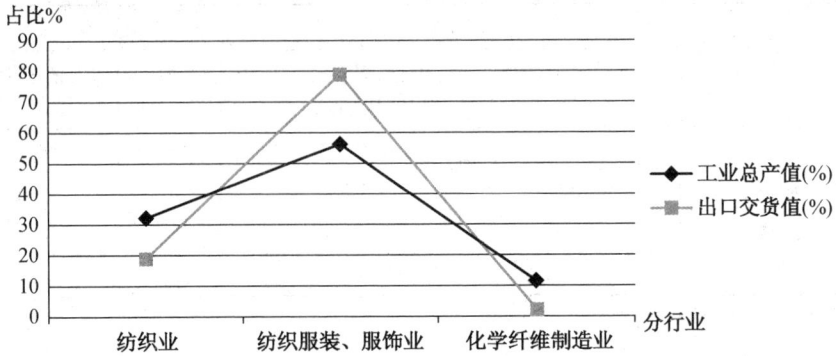

图 1-6　2016 年规模以上纺织服装细分行业工业总产值和出口所占比重

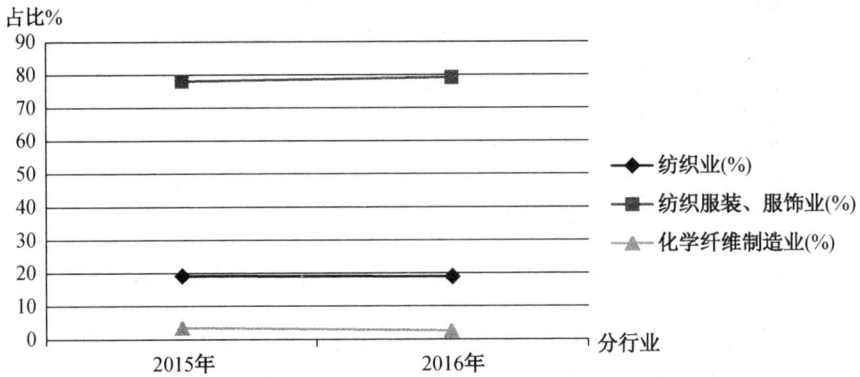

图 1-7　2015—2016 年规模以上纺织服装细分行业出口交货值所占比重

表 1-8　2015—2016 年规模以上纺织服装细分行业利润和税金所占比重

项目	税金总额（%）		利润总额（%）	
	2015 年	2016 年	2015 年	2016 年
纺织业	31.54	32.78	37.12	42.02
纺织服装、服饰业	60.04	59.40	61.18	57.26
化学纤维制造业	8.42	7.83	1.70	0.72

资料来源：宁波市统计局。

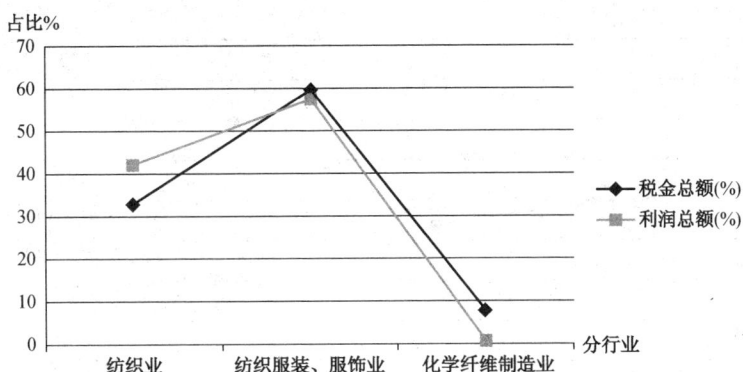

图 1-8　2016 年纺织服装细分行业利润和税金所占比重

（四）纺织服装业亏损面大，纺织业情况好转

2016 年,宁波纺织服装产业亏损企业 201 家,占宁波全市亏损企业 17.83%。亏损面 22%,比上年上升了 1%,亏损面高于宁波市规模以上企业平均 15%。亏损企业亏损额 80 516 万元,同比上升 30.12%。细分行业看,化学纤维制造业亏损面连续最高,2016 年达 37%。三大子行业中,纺织业亏损面和亏损金额均大幅下降,但纺织服装服饰业和化学纤维制造业大幅增加。（表 1-9～1-10,图 1-9）

表 1-9　2016 年宁波市规模以上纺织服装化纤企业亏损情况

指标名称	纺织业		纺织服装、服饰业		化学纤维制造业	
	数值	同比±（%）	数值	同比±（%）	数值	同比±（%）
企业单位数（户）	273		566		67	
亏损企业数（户）	53	−8.62	123	30.85	25	47.06
亏损企业亏损金额（万元）	16 276	−30.61	27 983	53.61	36 257	79.45

资料来源:宁波市统计局。

表 1-10　2014—2016 年宁波纺织工业规模以上企业亏损面分行业比较

指标名称	纺织业	纺织服装、服饰业	化学纤维制造业	合计
	亏损面（%）	亏损面（%）	亏损面（%）	
2014 年	20	17	30	19
2015 年	22	19	32	21
2016 年	19	22	37	22

资料来源:宁波市统计局。

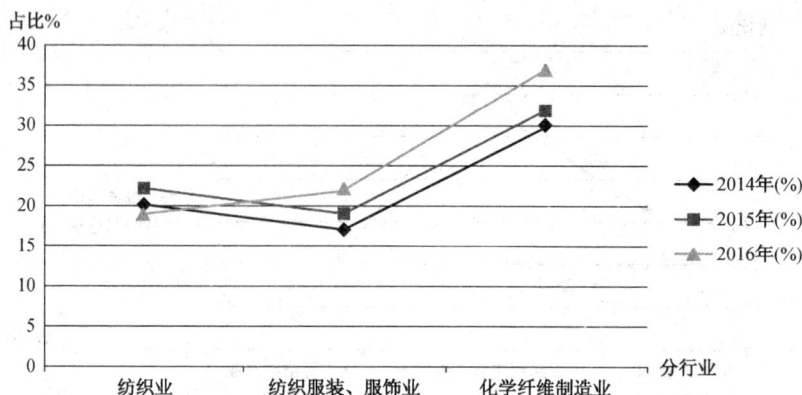

图1-9 2014—2016年宁波纺织工业规模以上企业亏损面分行业比较

（五）销售费用大幅增加，而营业税金和财务费用大幅下降

2016年，宁波纺织工业在收入增长仅1.82%的情况下，营业税金及附加下降1.67%，而销售费用和管理费用分别上升10.95%和4.29%，表明企业管理销售费用控制存在压力，同时税负降低。宁波纺织工业全年营业收入总计1 194.99亿元，同比上升1.82%，其中主营业务收入1 173.23亿元，同比上升2.03%，主营业务收入占营业收入比重98%；营业成本总计1 026.04亿元，同比上升1.65%，其中主营业务成本1 006.81亿元，同比上升1.83%；营业税金及附加同比下降1.67%，系纺织服装服饰业和化学纤维制造业下降；销售费用总计38.63亿元，同比上升10.95%；管理费用总计59.26亿元，同比上升4.29%；财务费用总计9.57亿元，同比下降25.93%，财务费用连续几年大幅下降。比较2016年宁波细分行业的收入与成本费用发现，纺织业和纺织服装服饰业在营业收入增长不大的情况下，销售和管理费用却大幅增长，表明费用压力大，应加强费用控制。（表1-11，图1-10～1-11）

表1-11 2014—2015年宁波规模以上纺织企业"三费"与收入成本变动率比较

项目	纺织业		纺织服装、服饰业		化学纤维制造业	
	2015年	2016年	2015年	2016年	2015年	2016年
营业收入（%）	−4.09	6.24	−0.64	1.92	−7.35	−9.40
其中：主营业务收入（%）	−3.61	6.73	0.11	1.34	−8.08	−6.48

（续表）

项目	纺织业		纺织服装、服饰业		化学纤维制造业	
	2015 年	2016 年	2015 年	2016 年	2015 年	2016 年
营业成本(%)	−4.84	5.98	0.20	1.77	−7.40	−8.52
其中：主营业务成本(%)	−4.59	6.52	0.98	1.23	−7.61	−6.35
营业税金及附加(%)	14.6	6.45	3.99	−4.36	14.39	−15.91
其中：主营业务税金及附加(%)	14.5	6.76	3.81	−4.43	14.37	−16.49
销售费用(%)	2.58	14.66	−3.34	11.25	2.13	−14.02
管理费用(%)	1.51	8.13	−2.27	4.37	2.85	−14.04
财务费用(%)	−14.68	−15.01	−30.69	−25.58	−12.46	−38.00

资料来源：宁波市统计局。

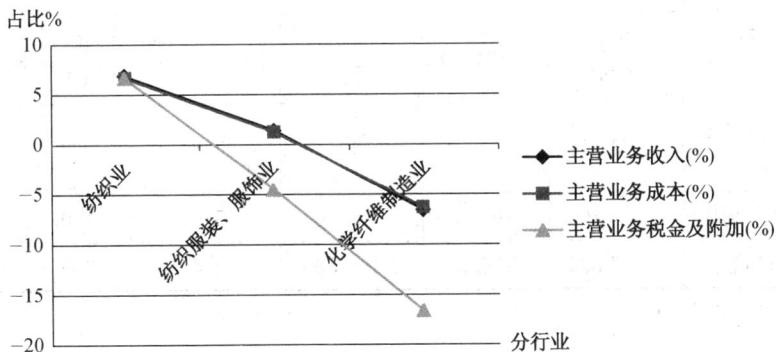

图 1-10　2016 年纺织服装细分行业主营业务收入成本及税金变动情况

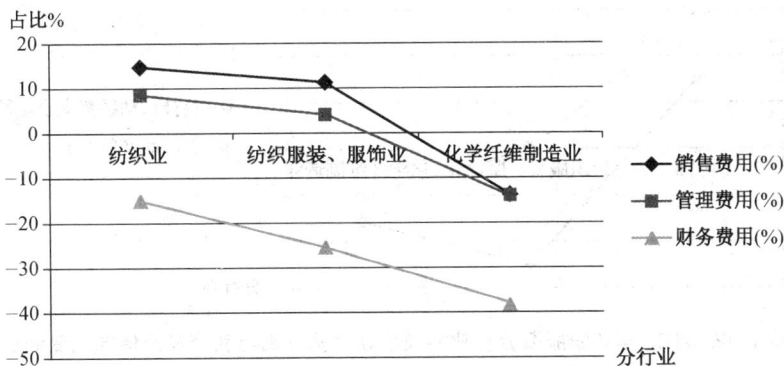

图 1-11　2016 年纺织服装细分行业三费变动情况

（六）科技创新主要为自主研发

2016 年,宁波市规模以上纺织服装企业用于科技活动经费支出 93 404 万元,下降 0.89%,纺织服装服饰业和化学纤维制造业科技活动经费支出大幅下降而纺织业大幅增加;而购置技术成果费用只有 183 万元,低基数大幅增长,化学纤维制造业全年未购置技术成果。企业创新主要系自主创新。全年共计完成新产品产值 305.13 亿元,在工业销售产值增加 0.91% 的情况下,新产品产值大幅下降 15.59%,而纺织业新产品产值增加 30.27%。细分行业看,纺织服装服饰业科技支出在前两年大幅增加的情况下出现大幅减少。（表 1-12～1-13,图 1-12)

表 1-12　2016 年宁波市纺织产业科技经费支出与新产品产值

项　目	纺织业		纺织服装、服饰业		化学纤维制造业	
	金额（万元）	同比（%）	金额（万元）	同比（%）	金额（万元）	同比（%）
科技活动经费支出总额	63 211	15.34	25 110	−24.81	5 083	−15.93
技术成果费用	100	100	84	5.04	0	
新产品产值	1 007 885	30.27	2 149 820	0.41	456 989	−10.24

资料来源:宁波市统计局。

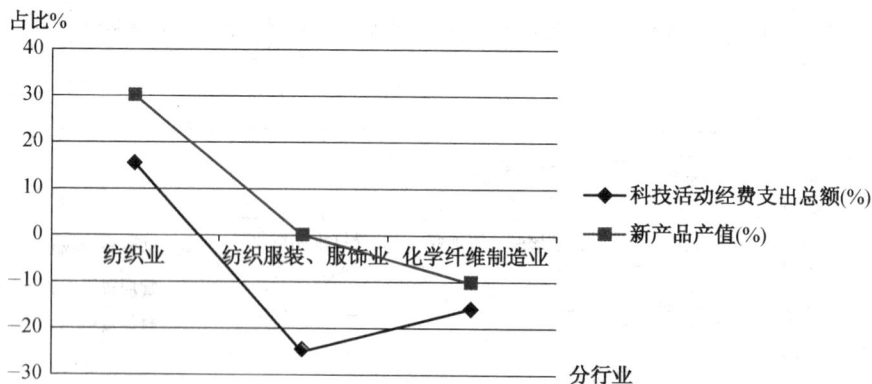

图 1-12　2016 年纺织服装分行业科技活动经费支出与新产品产值同比变动图

表 1-13 2015—2016 年宁波市纺织产业科技经费支出与新产品产值同比增长对比

项　目	纺织业		纺织服装、服饰业		化学纤维制造业	
	2015 年	2016 年	2015 年	2016 年	2015 年	2016 年
科技活动经费支出总额同比增长（%）	−2.11	15.34	9.95	−24.81	−37.76	−15.93
购置技术成果费用同比增长（%）	−100	100	−74.9	5.04	−100	
新产品产值同比增长（%）	5.52	30.27	−9.90	0.41	−2.00	−10.24

资料来源：宁波市统计局。

（七）人均报酬和利润增长，税负下降

2016 年,从企业平均经济指标看,平均税金下降,而平均利润增长,减税增利效果明显。（表 1-14,图 1-13～1-14）

表 1-14 2015—2016 年宁波市规模以上纺织产业企业平均经济指标比较

项目	2015 年	2016 年	
	同比±（%）	数值（万元）	同比±（%）
企业平均资产总额	0.40	14 343	7.68
企业平均工业总产值	−4.83	12 896	−2.20
企业平均销售产值	−1.51	12 896	0.91
企业平均出口交货值	−3.18	4 563	−2.33
企业平均主营业务收入	−2.18	12 950	2.03
企业平均利润总额	−9.69	725	4.39
企业平均税金总额	9.69	396	−4.20
企业平均利税总额	−3.30	1 120	1.19

资料来源：宁波市统计局。

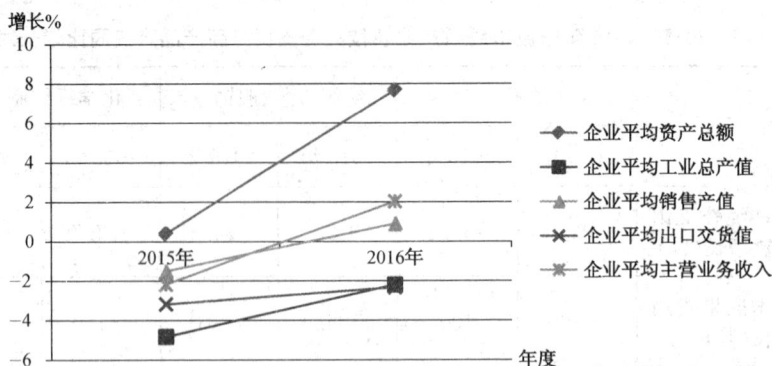

图 1-13　2015—2016 年宁波市规模以上纺织产业企业平均产值与收入变动比较

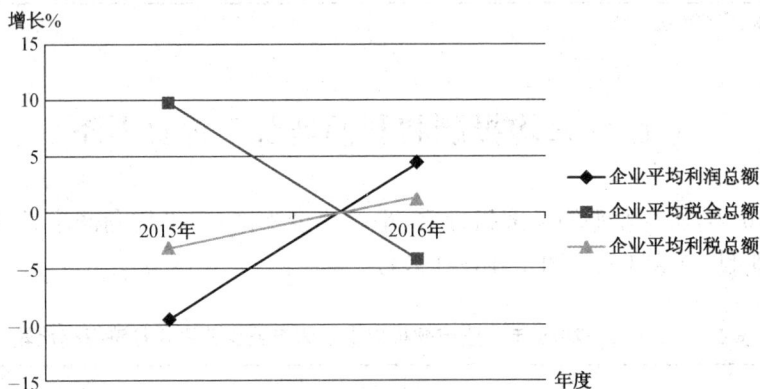

图 1-14　2015—2016 年宁波市规模以上纺织产业企业平均利润与税金变动比较

　　从人均经济指标看,人均产值和人均收入继续增长,表明劳动效率继续提高。人均劳动报酬 5.29 万元,增加 8.98%,人均劳动报酬持续大幅增长,但低于宁波市全部企业(人均劳动报酬 6.16 万元,增加 10.63%),表明企业人工成本。人均税金 1.57 万元,在上年大幅增长的情况下出现负增长,税负减少,人均税金大大低于宁波市平均 5.29 万元,行业劳动密集型特征明显。人均利润 2.87 万元,大大低于宁波市平均 6.98 万元。(表 1-15,图 1-15~1-16)

表 1-15　2015—2016 年宁波市规模以上纺织产业人均经济指标比较

项目	2015 年	2016 年		
	同比±(%)	数值(万元/人)	同比±(%)	
人均工业总产值	1.86	52.74	3.42	
人均销售产值	2.18	51.06	3.31	

（续表）

项目	2015 年	2016 年	
	同比±（%）	数值（万元/人）	同比±（%）
人均出口交货值	0.46	18.07	−0.01
人均主营业务收入	1.49	51.27	4.45
人均利润	−6.31	2.87	6.87
人均税金	13.80	1.57	−1.92
人均利税	0.32	4.44	3.59
人均劳动报酬	10.68	5.29	8.98

资料来源：宁波市统计局。

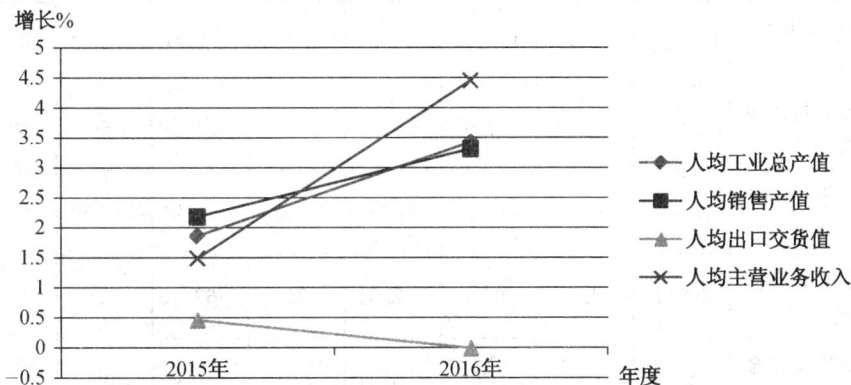

图 1-15　2015—2016 年宁波市规模以上纺织产业人均产值与收入变动比较

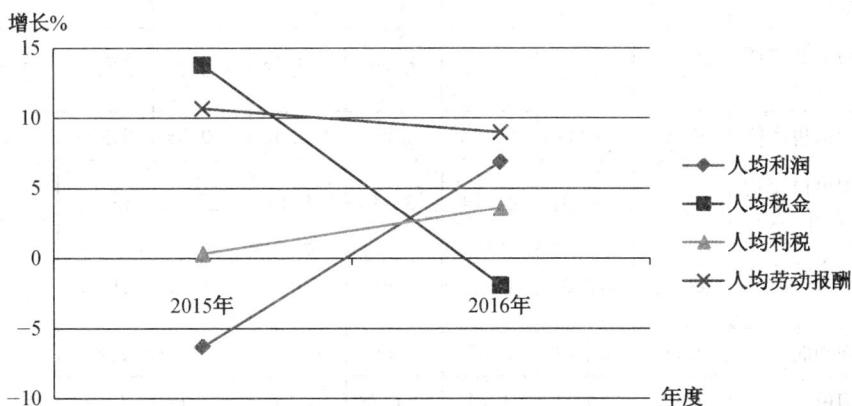

图 1-16　2015—2016 年宁波市规模以上纺织产业人均利税与劳动报酬变动比较

　　细分行业看,化学纤维制造业除人均报酬外,各项指标均同比下降,有待改善。三大细分行业从业人员的年人均劳动报酬均有较大增长,平均增长8.98%。(表1-16)

表1-16　2016年宁波市规模以上纺织企业分行业企业平均与人均经济指标

指标名称	纺织业		纺织服装、服饰业		化学纤维制造业		合计	
	数值(万元)	同比(%)	数值(万元)	同比(%)	数值(万元)	同比(%)	数值(万元)	同比(%)
企业平均资产总额	16 593	7.02	12 547	11.65	20 353	−7.55	14 343	7.68
企业平均工业总产值	13 679	2.67	11 583	−2.30	20 798	−12.84	12 896	−2.20
企业平均销售产值	13 679	6.30	11 583	−0.54	20 798	−5.47	12 896	0.91
企业平均出口交货值	2 841	−1.25	5 752	−1.29	1 530	−31.19	4 563	−2.33
企业平均主营业务收入	13 943	6.73	11 611	1.34	20 206	−6.48	12 950	2.03
企业平均利润总额	1 011	18.79	664	−2.04	71	−63.30	725	4.39
企业平均税金总额	430	0.89	376	−6.04	419	−9.82	396	−4.20
企业平均利税总额	1 441	12.81	1 040	−3.52	490	−25.55	1 120	1.19
人均工业总产值	63.13	1.04	42.66	5.92	159.76	−5.70	52.74	3.42
人均销售产值	60.85	0.85	41.36	4.56	155.35	−0.55	51.06	3.31
人均出口交货值(万元/人)	12.64	−6.31	20.54	3.77	11.43	−27.61	18.07	−0.01
人均主营业务收入	62.02	1.25	41.47	6.54	150.92	−1.61	51.27	4.45
人均利润	4.50	12.69	2.37	2.99	0.53	−61.39	2.87	6.87
人均税金	1.91	−4.29	1.34	−1.22	3.13	−5.12	1.57	−1.92

（续表）

指标名称	纺织业		纺织服装、服饰业		化学纤维制造业		合计	
	数值（万元）	同比（%）	数值（万元）	同比（%）	数值（万元）	同比（%）	数值（万元）	同比（%）
人均利税	6.41	7.02	3.72	1.42	3.66	−21.67	4.44	3.59
人均劳动报酬（万元/人）	5.12	−0.07	5.36	12.69	5.10	6.03	5.29	8.98

资料来源：宁波市统计局。

（八）资产利润率和周转率下降

2016年，纺织产业销售利润率上升，而资产利润率下降。资产的盈利能力整体下降。细分行业看，纺织业盈利能力提升明显，各项指标均增长。而纺织服装服饰业和化学纤维制造业均较上年下降。行业的持续盈利能力有待提升。（表1-17，图1-17～1-18）

表1-17　2015—2016年宁波市规模以上纺织企业获利指标比较

指标分析		纺织业	纺织服装、服饰业	化学纤维制造业	合计
销售利润率（%）	本年累计	7.09	5.62	0.35	5.49
	上年同期	6.34	5.85	0.86	5.36
	同比±（%）	11.81	−3.89	−59.50	2.53
销售产值利润率（%）	本年累计	7.39	5.74	0.34	5.62
	上年同期	6.61	5.82	0.88	5.43
	同比±（%）	11.75	−1.51	−61.18	3.45
总资产利润率（%）	本年累计	6.09	5.29	0.35	5.05
	上年同期	5.49	6.03	0.88	5.21
	同比±（%）	11.00	−12.26	−60.31	−3.05
净资产利润率（%）	本年累计	12.45	11.03	1.62	11.09
	上年同期	11.37	13.02	4.28	11.88
	同比±（%）	9.47	−15.29	−62.17	−6.65

资料来源：宁波市统计局。

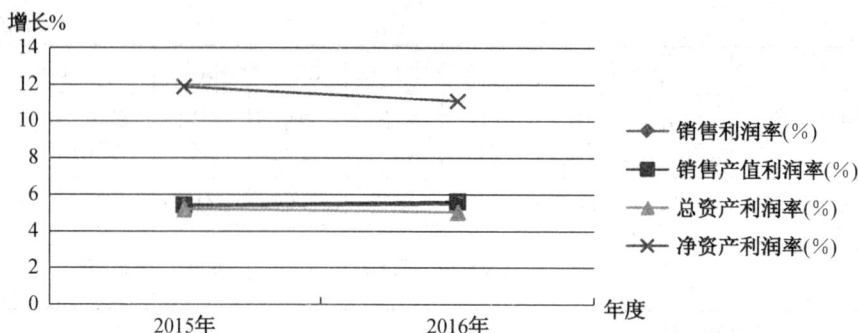

图 1-17　2015—2016 年宁波市规模以上纺织服装行业盈利指标对比

以盈利能力综合指标净资产收益率为例,分行业比较如下:

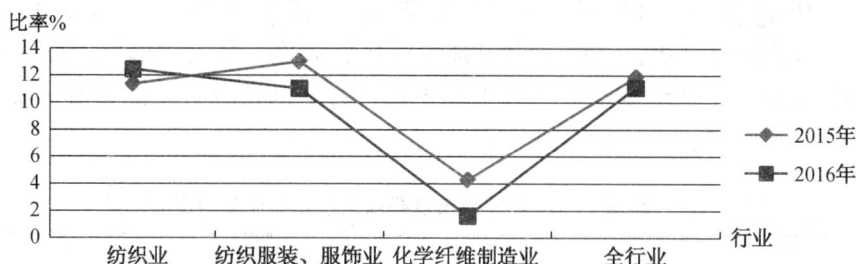

图 1-18　2015—2016 年宁波市规模以上纺织服装行业净资产收益率细分行业对比

　　分析 2016 年资产经营效率指标,除存货周转率略有提高外,应收账款周转率、流动资产周转率和总资产周转率均继续下降,表明企业资产的运营能力有待进一步改善。应收账款周转率大幅下降 17.94%,纺织服装服饰业应收账款周转率持续大幅降低,欠款大幅增加。细分行业看,纺织业情况较好。在去库存的同时,应加强应收账款管理。(表 1-18,图 1-19、图 1-20)

表 1-18　2015—2016 年宁波市规模以上纺织企业运营指标比较

指标分析		纺织业	纺织服装、服饰业	化学纤维制造业	合计
应收账款周转率	本年累计	6.25	3.51	9.26	4.47
	上年同期	6.58	4.48	11.15	5.44
	同比±(%)	−4.98	−21.68	−16.94	−17.94

(续表)

指标分析		纺织业	纺织服装、服饰业	化学纤维制造业	合计
存货周转率	本年累计	4.72	4.92	5.15	4.88
	上年同期	4.43	5.05	5.03	4.84
	同比±（%）	6.49	−2.61	2.34	0.87
流动资产周转率	本年累计	1.32	1.32	1.60	1.35
	上年同期	1.37	1.46	1.56	1.44
	同比±（%）	−3.27	−9.79	2.79	−6.59
总资产周转率	本年累计	0.86	0.94	1.00	0.92
	上年同期	0.87	1.03	1.02	0.97
	同比±（%）	−0.73	−8.71	−2.00	−5.45

资料来源：宁波市统计局。

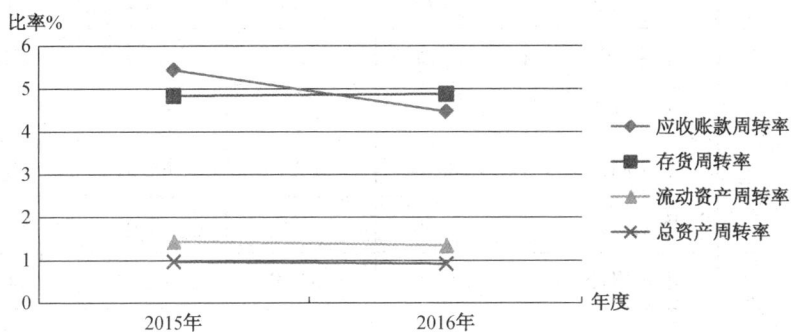

图 1-19　2015—2016 年宁波市规模以上纺织企业运营指标及同比变动

以变动率最大的应收账款周转率为例，分行业比较如下：

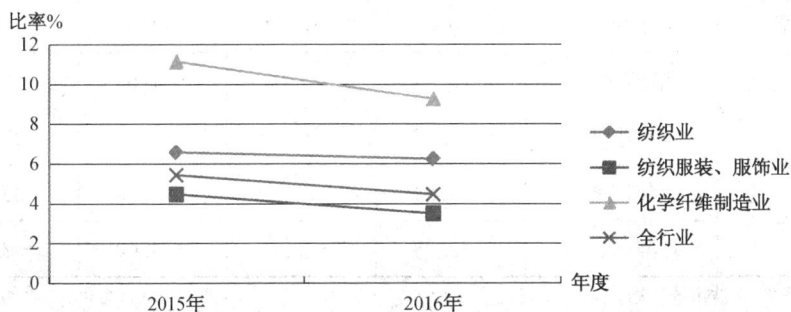

图 1-20　2015—2016 年宁波市规模以上纺织服装行业应收账款周转率细分行业对比

　　分析 2016 年的偿债能力和资本结构,宁波纺织产业资产负债率在上年下降
1.95%的情况下继续下降 1.69%,化学纤维制造业资产负债率最高,达
78.44%,负债中银行贷款占 32.91%,银行贷款占负债比重下降 2.37%。企业
经营比较谨慎,财务费用大幅减少 25.93%。流动资产占总资产比重为 68.31%,
应收账款占流动资产比重 30.14%,上升 3.66%,主要是纺织服装服饰业和化学
纤维制造业应收账款占比增加。产成品占比略减少 0.85%。纺织服装服饰业
和化学纤维制造业去库存过程中应收账款增加,周转速度下降,收款压力大。
(表 1-19,图 1-21、图 1-22)

表 1-19　2015 年宁波市规模以上纺织企业资产结构指标

指标分析		纺织业	纺织服装、服饰业	化学纤维制造业	合计
资产负债率(%)	本年累计	51.07	52.00	78.44	54.45
	上年同期	51.74	53.66	79.45	56.14
	增减(%)	−0.67	−1.66	−1.01	−1.69
流动资产占总资产比重(%)	本年累计	64.84	71.64	62.56	68.31
	上年同期	63.18	70.79	65.61	67.49
	增减(%)	1.66	0.84	−3.05	0.82
应收账款占流动资产比重(%)	本年累计	21.20	37.45	17.29	30.14
	上年同期	20.82	32.52	13.97	26.47
	增减(%)	0.38	4.94	3.32	3.66
产成品占流动资产比重(%)	本年累计	10.86	12.64	15.52	12.33
	上年同期	10.82	13.64	17.51	13.17
	增减(%)	0.04	−1.00	−1.99	−0.85
银行贷款占负债比重(%)	本年累计	37.57	26.16	46.17	32.91
	上年同期	39.84	30.01	42.16	35.29
	增减(%)	−2.28	−3.85	4.02	−2.37

资料来源:宁波市统计局。

比率%

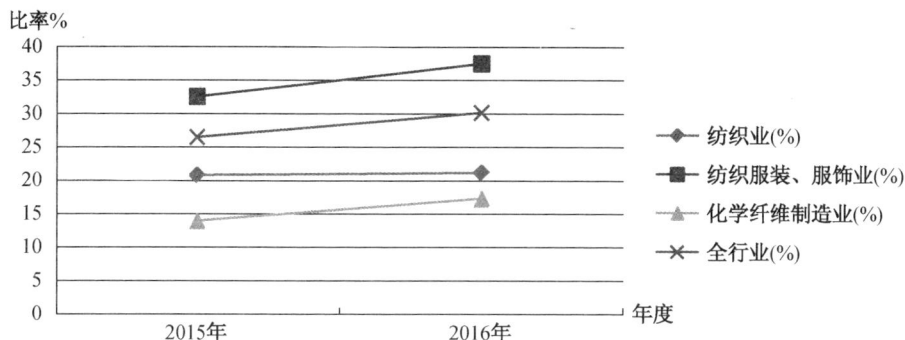

图 1-21   2015—2016 年宁波市规模以上纺织产业应收账款占流动资产比重细分行业对比

比率%

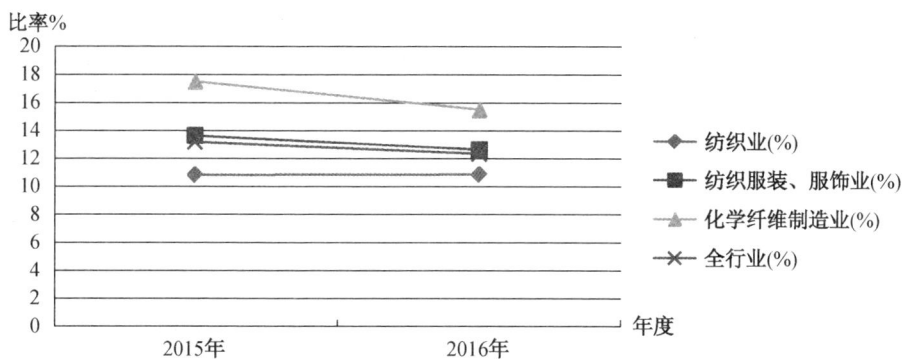

图 1-22   2015—2016 年宁波市规模以上纺织服装行业产成品占流动资产比重细分行业
对比

三、宁波纺织服装产业发展分析

在全球经济低迷、中国经济转型和消费变革的大背景下,面对复杂的国际、国内经济环境,中国纺织服装行业的总体增速进一步放缓。回顾 2016 年,可以说中国纺织服装业在综合成本不断上涨;国际环境风云变幻,导致汇率波动大、国际订单萎缩等一系列问题;招工难、留人难、融资难,市场竞争加大等挑战的经济环境里走过,一大批企业在转型中匍匐行进,承受变革的阵痛。围绕科技创新、智能制造、商业模式、文化创意等方面,产业转型升级不断推陈出新。

(一) 产业运行平稳,发展压力未有缓释

2016 年的中国服装产业洗牌、重组、巨亏等剧情纷纷上演。大杨创世退市、步森股份拟剥离男装业务、报喜鸟首亏、希努尔卖房提振业绩……这些服装上市公司纷纷表示,行情不好,终端零售不景气,市场疲软。此状况不仅限于男装,休闲装、女装也未能表现脱俗;不仅在 A 股上市的服装企业,在香港上市的公司甚至美股公司亦是如此。

在如此不利的市场环境下,2016 年宁波市纺织服装产业规模以上企业累计实现工业总产值 1 206.81 亿元,同比增长 1.02%,占宁波市全部规模以上企业的 8.36%;利润总额 65.66 亿元,同比上升 4.39%,占宁波市全部规模以上企业的 6.61%。主要经济指标呈现增长,产业发展总体较为稳定,这一方面说明,宁波市纺织服装行业发展总体良性,在宁波市工业经济中的分量和地位依然重要;另外一方面表明,在缓增长的新常态下和消费变革的新发展时期,行业走出低谷,更要加快调整转型、创新。

从产业面临的系列环境因素分析,创新发展与转型升级之间的矛盾,即主要表现在自主创新与集成创新能力有待加强,科技成果转化率较低,创新体系建设及运行机制不完善等方面;产能结构与有效需求之间的矛盾,即主要表现在产业

链前端的产能结构问题仍然没有理顺，产业链中间环节产品趋同现象普遍存在，产业链终端的产品有效供给不足等方面；环境约束与经济发展之间的矛盾依然存在于宁波市纺织服装产业中。

（二）智造领衔产业升级，科技文化促企业转型

在纺织服装产业转型升级之际，正是全球社会技术变革、消费升级之时。智能制造技术的发展，带来了行业劳动生产率、生产柔性的大幅提升和运营模式的重大转变。棉纺智能化纺纱生产线、自动化全成型针织生产线、印染在线检测自动配送系统、化纤自动包装、服装智能仓储系统等已实现应用。以集成化、模块化、自动化、信息化为特征的智能制造技术，成为新时期行业转型发展的重要机遇。在宁波市推进中国制造 2025 示范试点城市建设的大背景下，宁波市纺织服装企业坚持开放发展理念，从之前简单的机器换人到现在的智能升级、个性化定制，产业迎来了新一轮的发展契机。先进控制技术在宁波市骨干企业中应用普及率已超过 85％，纺织服装企业的快速反应能力进一步增强。随着移动购物成为主流的购物方式，电商业务不再仅作为在线销售及营销渠道，数字化运营正在探索和实践。通过利用移动端网络平台贴近目标消费群体，优化在线及线下购物体验，提升多渠道、跨平台的用户体验。线上线下一体化的全渠道零售、消费体验场景化以及高效供应链为核心竞争力的新型零售模式，正在宁波纺织服装时尚产业崭露头角。

如雅戈尔，在 2016 年 10 月，旗下品牌 MAYOR 与欧洲五大纺织服装巨头合作签约，引进欧洲企业生产的高端面料，与世界共建服装品牌 MAYOR，共同开拓国际市场。以"共建、共赢、共享"的原则，秉承中欧千年丝绸之路的精神传承，致力于建设包容共享的全球时尚生态圈。雅戈尔提出未来五年规划将启动科技与创新战略，投入 100 亿元加强新材料、新面料、新工艺、新品牌和新服务的创新，用五年时间再造一个雅戈尔。此次 MAYOR 的战略合作只是转型的第一步。2017 年 4 月，雅戈尔推出了"中国创造"时尚发布平台，发布《穿在身上的中国》纪录片。《穿在身上的中国》从桑麻、布衣、霓裳、锦绣、子衿、匠心六个篇章，以纪实的角度，诉说纺织服饰文化在当下的传承、人文与情怀，亦呈现了中国纺织服饰的发展在世界的伟大价值运用企业的丰富经验和庞大资源。借助《穿在身上的中国》这部纪录片，用深入人心的中国文化的诠释，以潜移默化的方式去理解中国服饰文化的本质，去提高人们对中国服饰文明及时尚意识的普及，以中

国服饰文化传承和梳理,推动"中国创造"。

雅戈尔推出的"中国创造"将摆脱传统而没有技术含量的制造,从生产方式、生产工具的创作和开发中推动创造性。"中国创造"将纺织服装产业转化成可持续发展、高科技、高效、专利性的制造业。从科技面料的开发,服装缝纫技术的突破,科技产品的结合智能制造等等,纺织服装制造业走向"中国创造"。

罗蒙以"科技+文化"新理念,实施着企业变革。当大数据技术也开始渗透各行各业时,罗蒙依托领先的互联网科技,打造符合人体结构的西服大数据。依赖企业过去几十年间所累计采集的 1 000 多万个人体身型样本数据,根据不同体型进行专业的服装定制,并凭借此项技术获得国家专利,被称为"中国舒适的服装"。

2016 年 8 月,里约奥运会上一句"我已经用尽洪荒之力了"让直爽的傅园慧成为炙手可热的大众网红。而当"洪荒少女"傅园慧摇身变为罗蒙男装新代言人,备受大众关注。作为国内知名服装品牌,罗蒙一直比较重视"名人+名师+名牌"建设。一直以来,罗蒙向大众传递的是"儒雅、正直、向上"的品牌文化与形象,此次与傅园慧牵手,由其代言所展现的是新一代中国人的青春、快乐与正能量。同时,传递出一个信号:罗蒙正在变化。

自傅园慧代言后,罗蒙将陆续推出新洪荒系列服装,该系列服装引入功能性面料,主打轻时尚运动,不仅设计简约大方,穿上身运动起来也很舒适,能够很好地满足消费者周末时的穿着需求。2016 年"双十一"期间,天猫罗蒙旗舰店销售的一款有"洪荒裤"之称的休闲裤,就取得了很好的销量。罗蒙产品系列从原有的商务男装系列已延伸到时尚系列、休闲系列、轻运动系列等,不仅有日常工作着装,还覆盖了节假日休闲着装,就是要让更多消费者在更多时候会想到罗蒙,选择罗蒙新系列产品。

毛衫定制品牌旦可韵联合慈星开发的"云定制"平台,从消费者在智能试衣间进行尺寸测量、DIY 设计下单,到后台数据传输,工业机器人开始自动化服装加工,整个过程一气呵成,使原来需要 7 天才能完成的工作缩短到 1 天;拇指衣橱同样凭借其独创的个性化订制"极简模式",实现私人订制的"物美价廉"。"互联网+男装"的创新商业模式,展示了拇指衣橱实时在线的个性化定制方案,将线上定制与线下服务无缝融合。

(三) 新经济注入新活力,平台模式彰显优势

在产业升级换代的大背景下,如何推进产业转型升级和科技创新、改造提升

传统产业、转变产业发展方式、提升产业发展层次都指向了产业如何适应新经济发展的问题。加快发展新经济,是我国适应新常态、引领新常态的一个重要思路和发展路径,对于我国推进供给侧结构性改革,实现新旧动能转换,具有战略性的重要作用。

新经济内涵是什么?2017年的政府工作报告首提"新经济"。"新经济"是相对于传统经济而言的,主要指在经济全球化背景下,由信息技术革命带动的、以高新技术产业为龙头的经济,包括"互联网+"、先进制造业、新能源、新材料、新业态等重要内容。目前对新、旧经济的理解多是从技术角度展开,认为新经济往往具有较高的技术水平或者较为先进的商业模式。如果从经济动能转换和供给侧改革的角度来看,新经济事实上代表的是未来的需求发展方向和经济发展方向,其覆盖面和内涵是很广泛的,不仅仅是指三产中的"互联网+"、物联网、云计算等新兴产业和业态,也包括工业制造当中的智能制造、大规模的定制化生产等等。

以平台经济为代表的"新经济",为行业纺织服装产业发展带来了巨大潜力。平台经济(Platform Economics)所指是一种虚拟或真实的交易场所,平台促成双方或多方供求之间的交易,是一种商业模式。平台经济具有如下特征:

一是平台经济是一个双边或多边市场。平台企业一边面对消费者,一边面对商家。平台经济通过双边市场效应和平台的集群效应,形成符合定位的平台分工。在这个平台上有众多的参与者,有着明确的分工,都可以作出自己的贡献,每个平台都有一个平台运营商,它负责聚集社会资源和合作伙伴,为客户提供好的产品,通过聚集人气,扩大用户规模,使参与各方受益,达到平台价值、客户价值和服务价值最大化。

二是平台经济具有增值性。也就是说平台型企业要能为消费者和商家提供获得收益的服务。如百度一方面为广大用户提供搜索服务,通过聚集流量,为商家提供更加精准的广告,提高广告效益。平台企业要能立足市场,关键就是要为双边或多边市场创造价值,从而吸引用户,提高平台的粘性。

三是平台经济具有网络外部性。平台企业为买卖双方提供服务,促成交易,而且买卖双方任何一方数量越多,就越能吸引另一方数量的增长,其网络外部性特征就能充分显现,卖家和买家越多,平台越有价值。同时,平台经济之所以拥有巨大魅力,是因为具有交叉外部性特征,即一边用户的规模增加显著影响另一边用户使用该平台的效用或价值。在网络外部性下,平台型企业往往出现规模收益递增现象,强者可以掌控全局,赢者通吃,而弱者只能瓜分残羹,或在平台竞争中淘汰。

四是平台经济具有开放性特征。平台经济最大的特点就是筑巢引凤,吸引各种资源的加入,这就需要平台对外开放,平台的合作伙伴越多,平台就越有价值。平台的开放性实现多方共赢,从而提高平台的聚焦效应和平台价值。

平台经济是一个双边或多边的市场,是一个开放的生态系统,是一种增值服务,其价值来源于网络的外部性。平台经济影响着经济转型升级,变革着生产组织方式。未来,平台经济将呈现数据化、整合化、共享化、小微化、全球化等新趋势。近年来,随着现代信息技术的飞速发展以及互联网尤其是移动互联网的快速发展的普及,平台经济发展突飞猛进,平台型企业快速成长。平台建立起来,整个产业的价值就可能向平台倾斜,平台就可以在产业中起到引领作用。例如,山东威海迪尚集团将研发设计资源、供应链资源、全球客户资源等向全球设计师群体开放,并在此基础上,利用现代信息技术,以"互联网＋设计＋供应链＋制造＋现代物流"的全新方式,整合服装全产业链资源,构建起以迪尚为核心的新型创业生态圈,打造"迪尚智慧时尚生活方式集成创新平台"。这个平台就是大产业链数据中心,包含面料中心、辅料中心、设计中心、客户中心、样品中心、检测中心和快反中心七大板块,实现了全链条、全环节整合。每个板块存储着不同类型用户信息并进行实时更新。专业人员通过对这些数据的整理、分析,把握市场方向和需求,推动产业链协同工作。"迪尚智慧时尚生活方式集成创新平台"被国家工信部正式授牌为全国第一批纺织服装创意设计试点平台,成为中国纺织服装行业平台建设的典范。

在宁波市纺织服装产业内,平台经济成为新动能。平台经济、商业模式、产业形态的创新和应用,产业新生态圈构建在政府、企业、产业层面多维推进。例如,宁波申洲国际就是一家平台企业。在业内一些大企业纷纷折翼时,申洲国际的事业蒸蒸日上,其股价在 8 年内涨了 50 倍,以 700 多亿元的市值,坐上了国内服装类上市企业的头把交椅。之所以会有这样的逆袭成长,主要在于申洲国际企业平台化建设。多年来公司专注打造的供应链,与国内外知名客户建立了稳固的合作伙伴关系,包括运动品牌 NIKE、ADIDAS、PUMA、ANTA 以及休闲品牌 UNIQLO 等客户。产品涵盖了所有针织服装,包括运动服、休闲服、内衣、睡衣等。申洲国际作为中国最具规模的纵向一体化针织制造商,构建了纺织服装产业最具影响力制造平台,成为世界服装业内制造平台企业。

当然,新经济还包括共享经济、场景经济、娱乐经济甚至"网红"经济。共享经济是通过分享产品、分享产能、分享创意等方式,实现闲置资源的再利用,例如设计师平台。场景经济即通过丰富经营场景、提升消费体验来创造价值。例如，将 VR 技术与时装秀、电子商务、量体裁衣等结合，通过营造具有革命性的交互系统与更具沉浸感的用户体验，增加企业流量。娱乐经济是指消费者对产品的需求从有用延伸到有趣。例如"网红"经济、智能服装、C2B 模式等，均通过增加趣味来创造需求。在这些方面，宁波市纺织服装企业有大胆尝试，如麦中林品牌女装门店体验式设计，太平鸟网红吸引粉丝等探索，相信不久的将来，这些企业会收获新经济带来的果实。

下篇

产业创新发展专题研究

一、服装产业"智能制造"研究

（一）智能制造与智能经济

1. 智能制造

"智能制造"最早出现在 1988 年美国 P. K. Wright 和 D. A. Bourne 的《Manufacturing Intelligence》一书中，指出智能制造是利用集成知识工程、制造软件系统及机器人视觉等技术，在没有人工干预条件下智能机器人独自完成小批量生产的过程。自美国提出智能制造的概念后，很多国家开始关注和重视智能制造的研究。我国也在 20 世纪 90 年代开始研究智能制造。中国机械工程学会在 2011 年出版的《中国机械工程技术路线图》一书中提出，智能制造是研究制造活动中的信息感知与分析、知识表达与学习、智能决策与执行的一门综合交叉技术，是实现知识属性和功能的必然手段。宋天虎（1999）认为，智能制造未来应该包含对工作环境自动识别和判断，对现实工况作出快速反应，制造与人和社会的相互交流。杨叔子和吴波（2003）认为，智能制造系统通过智能化和集成化的手段来增强制造系统的柔性和自组织能力，提高快速响应市场需求变化的能力。熊有伦等（2008）认为，智能制造的本质是应用人工智能理论和技术解决制造中的问题，智能制造的支撑理论是制造知识和技能的表示、获取、推理，而如何挖掘、保存、传递、利用制造过程中长期积累下来的大量经验、技能和知识是现代企业亟须解决的问题。卢秉恒和李涤尘（2013）认为，智能制造应具有感知、分析、推理、决策、控制等功能，是制造技术、信息技术和智能技术的深度融合。

综合这些观点，我们可以把智能制造概括为：智能制造是面向产品全生命周期实现泛在感知条件下的信息化制造，是将制造技术与数字技术、智能技术、网络技术的集成应用于设计、生产、管理和服务的全生命周期，在制造过程中进行感知、人机互动、决策、执行和反馈,实现产品设计过程、制造过程和企业管理及服务的智能化,是信息技术和智能技术与制造技术的深度融合与集成。

2. 智能经济

智能制造是发展智能经济的重要基础。智能经济是新经济的典型代表,"新经济"主要是指基于现代技术的新产业、新服务和新业态,新经济覆盖面广、内涵丰富,既包含"互联网＋"、物联网、云计算、电子商务等新兴产业和业态,也包括工业制造当中的智能制造、绿色制造、大规模的定制化生产和网络协同制造等。新经济的主要特点在于:一是新经济不是去实体化、去制造业化,而是要通过工业智能化实现产业革命;二是新经济不同于一般意义上的经济,从技术基础、动力结构、组织模式和运营方式都有本质上的不同,以往产业技术是人体力的延伸和替代,那么新经济则是人的智力的延伸或替代。

基于对新经济的理解,我们认为,智能经济是新经济的典型代表。智能经济是典型的知识型、创新型经济,智能经济是智能知识和技术在生产要素中占主导、智能产业和服务成为社会经济龙头产业的经济形态。智能经济不简单等同于互联网经济。第一,智能经济更侧重于信息物理融合,包括人物融合和物物融合等形态,初级阶段如智能手机,高级阶段如阿尔法围棋(AlphaGo);第二,智能经济侧重智能技术的产业化,包括产生工业互联网、大数据、云计算、物联网等先进技术本身的产业,以及与传统经济融合的产业化;第三,智能经济侧重于建立基于智能技术的解决方案系统,并由此发展而形成的新服务和新业态。目前,智能经济尚无明确的概念界定。综合已有的研究成果看,我们认为,智能经济是指在应用物联网、云计算、大数据、工业互联网等新一代信息设施实现万物相连的基础上,通过将智能识别技术、虚拟现实技术和人工智能为代表的等智能技术与经济社会各领域的深度融合和深入应用,而产生的智能产品、智能服务和智能应用系统等新型经济形态的统称。即:智能经济＝智能技术＋产品(服务、应用系统)＋新一代信息设施。

智能经济主要有四个特征:一是智能。装备、产品等具有感知、自适应和决策能力,能够感知外部世界、自动获取外部信息,并能自动适应外界环境的变化,进行高效决策判断。二是泛在。智能经济以智能技术在万物互联基础上所形成的经济形态,经济社会各个领域都会成为智能经济的组成部分。三是融合。智能经济是智能技术与各种要素的融合,通过融合将技术实体化、泛在化,推动实现经济社会各个领域的互联互通和兼容发展。四是渐进。智能经济是后工业经济时代的进阶形态,将会随着新一代信息技术及智能技术创新与融合的不断深入,不断演化发展。

(二) 经验借鉴——主要发达工业国家智能制造政策

智能制造是全球制造业的发展方向,已经被普遍认为是此轮工业革命的核心动力,国外主要发达工业国家都已出台相应政策对智能制造发展积极筹划布局。

1. 美国智能制造政策计划的关键领域

美国近年来提出和实施了"再工业化"计划,主要针对新世纪以来美国经济"去工业化"所带来的虚拟经济过度、实体经济衰落、国内产业结构空洞化等现实情况。该计划要实现的目标是重振实体经济,增强国内企业竞争力,增加就业机会;发展先进制造业,实现制造业的智能化;保持美国制造业价值链上的高端位置和全球控制者地位。可见,美国的"再工业化"是指通过政府的协调规划实现传统工业的改造与升级和新兴工业的发展与壮大,使产业结构朝着具有高附加值、知识密集型和以新技术创新为特征的产业结构转换。

美国"再工业化"计划框架从重振制造业到大力发展先进制造业,积极抢占世界高端制造业的战略跳板,推动智能制造产业发展的思路越来越明确。美国主要在以下几个关键领域不断贯彻落实制造业智能化的战略目标:

(1) 信息技术与智能制造技术融合:美国向来重视信息技术,此轮实施再工业化战略进程中,信息技术被作为战略性基础设施来投资建设。智能制造是信息技术和智能技术在制造领域的深度应用与融合,大量诞生自美国高校实验室和企业研发中心的智能技术和产品为智能制造提供了坚实技术基础,如云计算、人工智能、控制论、物联网以及各种先进的传感器等,这些智能技术的研发和应用极大地推动了制造业智能化的发展进程。

(2) 高端制造与智能制造产业化:为了重塑美国制造业的全球竞争优势,奥巴马政府将高端制造业作为再工业化战略产业政策的突破口。作为先进制造业的重要组成,以先进传感器、工业机器人、先进制造测试设备等为代表的智能制造,得到了美国政府、企业各层面的高度重视,创新机制得以不断完善,相关技术产业展现出了良好发展势头。

(3) 科技创新与智能制造产业支撑:美国"再工业化"战略的主导方向是以科技创新引领的更高起点的工业化。从产业支撑要素来看,智能制造是高技术密集、高资本密集的新兴产业,更加适合在创新水平较高的区域发展。美国政府在再工业化进程中瞄准清洁能源、生物制药、生命科学、先进原材料等高新技术和战略性新兴产业,加大研发投入,鼓励科技创新,培训高技能员工,力推 3D 打印技术、工业机器人等应用,以取得技术优势,引领制造业向智能化发展,从而抢占制造业新一轮变革的制高点。

(4)中小企业与智能制造创新发展动力:美国将中小企业视为其再工业化的重要载体,为中小企业提供健全的政策、法律、财税、融资以及社会服务体系,加大对中小企业的扶持力度。在美国,企业是研发的执行主体,承担了 89% 的研发任务,联邦实验室和联邦资助研发中心(FFRDC)则承担了 9.1% 的研发任务。以企业为主体的研发体系使得美国研发成果转化率更加高效;美国制造业领域的小企业数量接近 30 万家,其中不乏像居于全球超高频 RFID 行业领先地位的 Alien 公司、加速器传感器方面表现卓越的 Dytran 公司等优秀企业,是未来智能制造创新发展的重要动力。

在政策体系构建上,美国"再工业化"由政府协调各部门进行总体规划,并通过立法来加以推进。美国在再工业化计划进程中整顿国内市场,大力发展先进制造业和新兴产业、扶持中小企业发展,加大教育和科研投资力度支持创新,实施智慧地球战略,为制造业智能化的实现提供了强大的技术支持、良好的产业环境和运行平台。同时,制定一些对外贸易政策,为智能制造拓宽国际市场。美国支持智能制造的再工业化计划体系框图如图 2-1 所示。

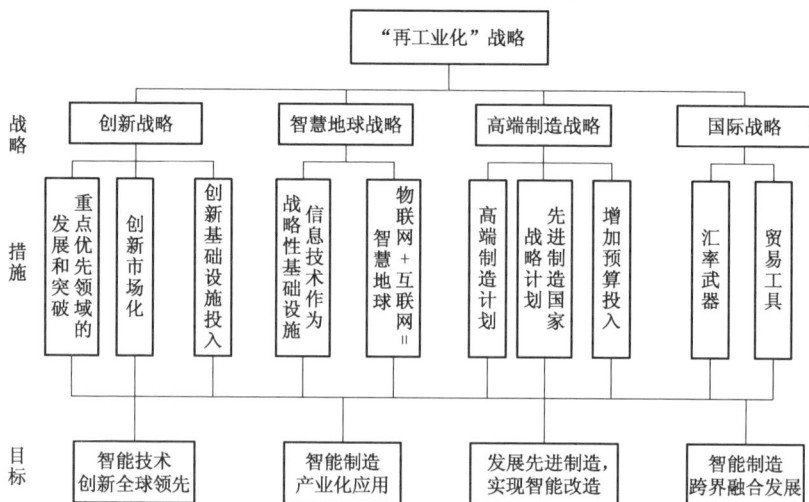

图 2-1 支持智能制造的美国再工业化体系框架图

2. 德国智能制造政策计划的关键领域

德国著名的"工业4.0"计划则是一项全新的制造业提升计划,其模式是由分布式、组合式的工业制造单元模块,通过工业网络宽带、多功能感知器件,组建多组合、智能化的工业制造系统。德国学术界和产业界认为,前三次工业革命的发生分别源于机械化、电力和信息技术,而物联网和制造业服务化迎来了以智能制造为主导的第四次工业革命。工业4.0从根本上重构了包括制造、工程、材料使用、供应链和生命周期管理在内的整个工业流程。

德国工业4.0计划中智能制造概念也占据核心位置,具有鲜明的发展特征,主要在以下四个领域优先采取行动:

(1) 工业标准化与智能制造基础投入。工业4.0的目标是建立一个物联网、互联网和服务化的智能连接的系统框架,在这个框架内,各种终端设备和应用软件之间的数据信息交换、识别、处理、维护等必须基于一套标准化的体系和高质量的工业宽带网络。因此,开发出一套单一的共同标准是计划的第一位,建立可靠、全面和高质量的通信网络基础设施是"工业4.0"的一个关键要求。

(2) 工业系统化管理与智能制造流程再造。工业4.0计划以智能化工厂建设来带动复杂制造系统的应用,同时随着开放虚拟工作平台与广泛使用人机交互系统,使得企业的工作内容、工作流程、工作环境等发生深刻改变。智能制造流程再造能够颠覆封闭性的传统工厂车间管理模式,将智能化设备、智能化器件、智能化管理、智能化监测等技术集成全新的制造流程,实现真正的智能生产。

(3) 工业合法化监管与人员能力提升。技术创新周期短和新技术颠覆性变革可能会导致滞后效应风险,即现有规则未能跟上技术变化的步伐。新技术和商业模式使得沿袭固有规章制度几乎不可能。智能制造模式、再造新的作业流程和立体化业务网络框架,对企业数据保护、责任归属、个人数据处理以及贸易限制都提出了挑战。原有的职业培训体系,也随着智能化导致的工作和技能的改变随之改变。因此,建立一套同智能化制造相匹配的合法监管体系和职业发展体系尤为重要。

(4) 工业资源分配与智能决策系统。制造业需要消耗大量的原材料和能源,这对自然环境和安全供给带来了若干威胁。工业4.0计划的智能制造也带来了资源利用率的提升。因此企业在进行智能化生产时要权衡"投入的额外资源"与"产生的节约潜力"之间的利弊。

3. 日本智能制造政策计划的关键领域

日本自确立技术立国战略以来，一直推行积极的技术带动经济发展战略。面对当前信息技术革命带来的机遇和挑战，日本于 2006 年 10 月提出了"创新 25 战略"计划。该战略计划目的是在全球大竞争时代，通过科技和服务创造新价值，提高生产力，促进日本经济的持续增长。"智能制造系统"是该计划中的核心理念之一，主要包括实现以智能计算机部分替代生产过程中人的智能活动，通过虚拟现实技术集成设计与制造过程实现虚拟制造，通过数据网络实现全球化制造，开发自律化、协作化的智能加工系统等。

在"创新 25 战略"提出之前，日本政府就已经致力于建设信息社会，以信息技术推动制造业的发展，增强产业竞争力，从而提出了"U-JAPAN 战略"，目的在于建设泛在信息社会。其主要关注网络信息基础设施、ICT（Information and Communication Technology）在社会各行业的运用、信息技术安全和国际战略四大领域。在泛在网络（人与人、人与物、物与物的沟通）发展方面：形成有线、无线无缝连接的网络环境；建立全国性的宽带基础设施以推进数字广播；建立物联网，开发网络机器人、促进信息家电的网络化。另一方面，通过促进信息内容的创造、流通、使用和 ICT 人才的培养实现 ICT 的高级利用。"U-JAPAN 战略"计划在 ICT 基础设施、物联网等领域取得了一系列成就，为"创新 25 战略"的实施奠定了基础。2008 年，基于"创新 25 战略"和第三期"科学技术计划"的基本立场和基本目标，日本政府提出了"技术创新战略"，主要围绕提升产业竞争力等方面进行政策设计。为强化制造业竞争力，2011 年，日本发布了第四期《科技发展基本计划》（2011—2015）。该计划主要部署多项智能制造领域的技术攻关项目，包括多功能电子设备、信息通信技术、精密加工、嵌入式系统、智能网络、高速数据传输、云计算等基础性技术领域。日本通过这一布局建设覆盖产业链全过程的智能制造系统，重视发展人工智能技术的企业，并给予优惠税制、优惠贷款、减税等多项政策支持。以日本汽车巨头本田公司为典型，该企业通过采取机器人、无人搬运机、无人工厂等智能制造技术，将生产线缩短了 40%，建成了世界最短的高端车型生产线。日本企业制造技术的快速发展和政府制定的一系列战略计划为日本对接"工业 4.0"时代奠定了良好的基础。

此外，以英国为代表的老牌工业国家、以韩国为代表的后发工业国家以及以印度为代表的新兴工业国家在其最新的经济发展计划中都对智能制造概念尤为重视。世界主要国家制定和推出的相应智能制造经济发展计划如表 2-1 所示。

表 2-1　世界主要国家应对智能制造的政策计划

国家	政策名称	时间	政策目标
美国	再工业化	2009 年	发展先进制造业,实现制造业的智能化,保持美国制造业价值链上的高端位置和全球控制者地位
德国	工业 4.0	2013 年	由分布式、组合式的工业制造单元模块,通过组建多组合、智能化的工业制造系统,应对以智能制造为主导的第四次工业革命
日本	创新 25 战略	2006 年	通过科技和服务创造新价值,以"智能制造系统"作为该计划核心理念,促进日本经济的持续增长,应对全球大竞争时代
英国	高价值制造	2014 年	应用智能化技术和专业知识,以创造力带来持续增长和高经济价值潜力的产品、生产过程和相关服务,达到重振英国制造业的目标
韩国	新增长动力规划及发展战略	2009 年	确定三大领域 17 个产业为发展重点推进数字化工业设计和制造业数字化协作建设,加强对智能制造基础开发的政策支持
印度	印度制造	2014 年	以基础设施建设、制造业和智慧城市为经济改革战略的三根支柱,通过智能制造技术的广泛应用将印度打造成新的"全球制造中心"

从国内来看,近年来,我国政府也做出加快培育发展智能制造产业的重大战略决策,我国在大数据、云计算、智能制造等方面制定了多项政策。部分省市已进行战略规划布局。目前,我国已编制完成《智能制造装备产业"十二五"发展规划》,并于 2011 年设立"智能制造装备创新发展专项",2013 年 3 月,我国相继出台《智能制造科技发展"十二五"专项规划》《服务机器人科技发展"十二五"规划》等。此外,北京发布《智慧北京行动纲要》,推动"数字北京"向"智慧北京"全面跃升。贵州建成全国首个大数据产业示范区。无锡正在打造国家传感网创新示范区,2015 年物联网及相关产业产值已达到 2 658 亿元。

（三）产业切入——宁波纺织服装产业智能制造的切入点

纺织服装产业是中国市场化程度最高、竞争最充分、与国内外市场和最终消费最接近、经济带动作用大的产业之一,又是劳动相对密集型的产业,也是国际竞争优势比较明显的重要产业之一,是创造美好时尚生活的基础性消费品产业和民生产业,也是集中体现人类文化创意、技术进步和时代变迁的创新型产业,在提高人民生活质量、发展国家经济、促进社会文化进步等方面发挥着重要作用。改革开放三十多年来,宁波市纺织服装产业取得了长足发展,服装产量位居世界第一,成为服装制造大国。但是也面临着严峻的挑战:世界经济复苏缓慢,国际市场竞争愈加激烈;国内市场需求增长放缓,消费升级挑战传统生产方式;新一轮产业变革不断深化,产业发展方式面临调整;价值创造机制不断变革,产业升级路径面临挑战。宁波市乃至我国服装产业站在了新的拐点上,如何从智能制造的角度重构服装产业链,为产业转型升级的创新机制与模式路径提供全方位支持,事关新时期纺织服装产业的可持续发展。

宁波市纺织服装产业作为传统优势产业、地方经济支柱产业和领先全国的时尚产业,对发展宁波市经济、促进劳动就业和社会稳定发挥着重要作用。进入"十三五"以来,在纺织服装转型升级过程中,呈现出创新传统服装产业价值链,运用互联网思维,以智能制造为切入点寻求服装产业的突破与创新的新趋势。宁波纺织服装产业在不断挖掘服装产业智能制造机理的基础上,将智能制造作为两化深度融合的主攻方向和产业创新升级战略的核心,不断加强科技创新和时尚设计,提升产业品牌形象。这一点可以从宁波纺织服装产业历年专利申请数量(如图 2-2 所示)和占比(如图 2-3 所示)中可见一斑。

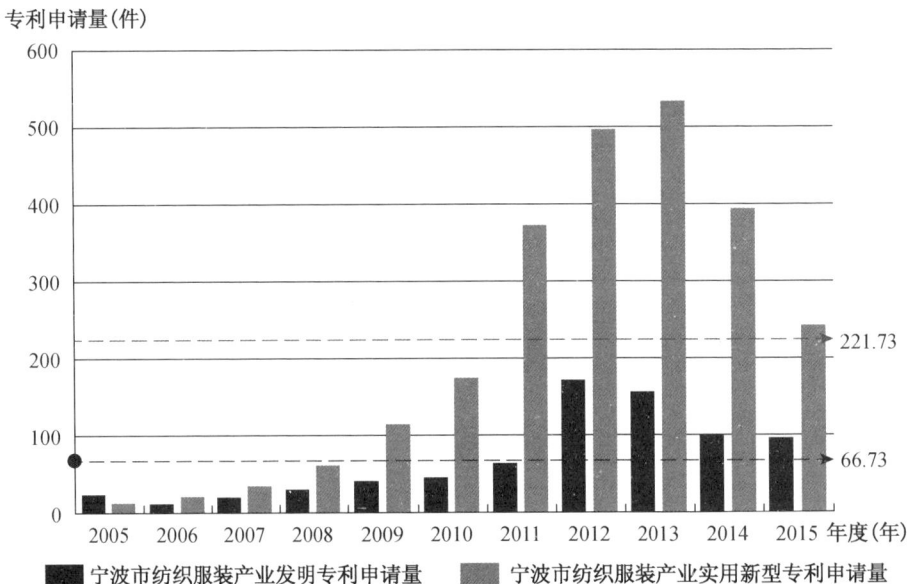

图 2-2 宁波市纺织服装产业历年发明专利和实用新型专利申请数量

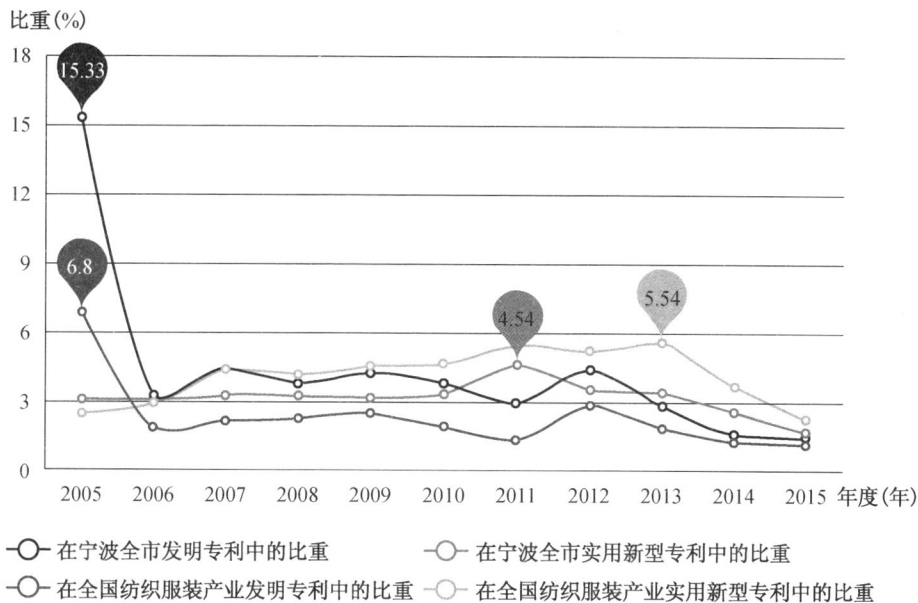

图 2-3　宁波市纺织服装产业历年发明专利和实用新型专利申请量占比图

"十三五"期间,宁波市纺织服装企业转型升级在深入剖析服装产业链设计创新、技术研发、生产制造、品牌运营、组织管理、服务营销等环节智能制造所涉领域的重构机理与演化规律的基础上,从装备、产品、生产制造方式、管理、服务等方面探索出服装产业链智能化的创新模式,表现出跨领域多技术融合的创新实践,集中体现在以下几个方面。

1. 设备层面,智能技术实现生产设备高度智能化

借助现代传感技术,生产广泛感知自身及环境状态,为自诊断与自适应奠定基础;嵌入式计算和人工智能的进一步发展,使设备端机器学习等成为可能;通过人机交互技术,决策者与设备间的交互更加深入、便捷,可以开展自组织生产等高度智能化生产模式。

2. 网络层面,基于工业互联网实现产品全生命周期的信息传送和交互

由传感网络、工控网络、宽带互联网等构成的工业互联网,通过 M2M 等技术实现制造资源、人、产品之间的无缝联接和信息共享,进而支撑企业内部、企业间、企业与用户之间更高层级、更广范围、更深程度的协作优化。

3. 平台层面，云平台实现全流程信息汇聚和智能处理

由高性能处理单元、分布式存储单元的云操作系统等组成的云平台具备明显的弹性优势和成本优势，可为生产全过程的海量信息提供存储和处理能力；为服务于不同环节的企业信息系统、工业 APP 等提供统一的集成平台，实现对生产能力的定制化配置及高效协同。

4. 应用层面，大数据实现全局性科学决策和端到端运营优化

针对从制造企业汇集的海量数据，运用大数据分析，与工程技术和管理科学相结合，可构建出基于生产线工作过程的状态模型、基于历史工程案例的知识经验模型、基于产业发展趋势的规划模型等，并通过工业 APP 反馈回相应的环节和流程，最终为企业精细管理、精益制造、精准营销、精确规划等提供支撑服务。

5. 消费者层面，需求端泛在连接实现全流程用户参与

企业运用互联网、移动互联网等实现对用户的泛在连接，进而打造用户聚合平台、多元社交平台，通过用户行为和社交关系等的在数据分析，精准预判市场、开展精准营销。借助平台的集聚和交互功能实现海量用户与企业间的交互对接，使大规模个性化定制、精准决策等成为可能。传统的渠道单一、封闭运行、单向流动的企业用户关系被打破，旧有的需求定位粗略、市场反馈滞后等问题得到破解。

（1）大规模个性化定制满足用户长尾需求

传统生产模式下，企业与用户间的信息交互不充分、企业内生产组织缺乏柔性，同质化生产是最经济、合理的选择。借助平台，企业可与用户深度交互、广泛征集需求，运用大数据分析建立排产模型，依托柔性生产线在保持规模经济性的同时提供个性化的产品。当前，服装、家居等领域已开启个性化定制，未来随着互联网技术和制造技术的发展成熟，柔性大规模个性化生产线将逐步普及，按需生产、大规模个性化定制将成为常态。

（2）大数据分析支撑精准营销及决策

传统市场分析局限于抽样调查、线下座谈等有限样本的分析预判，产品改进中也能通过销售业绩收集用户反馈情况，分析结果存在一定的误差或延迟。利用通过互联网汇集的用户行为、需求、行情等海量多元化数据，企业可以进行大数据建模及分析，实现精准市场定位，优化营销决策，助力产品改进。未来，随着

利用互联网汇集数据的持续积累、模型的不断修正,以及大数据分析能力的提升,企业有望实现全生命周期、全价值链的科学决策与精准控制。

（3）网络营销拓展新型营销方式

以往企业与用户互动主要采取电话回访、门店交流、入户拜访等方式,沟通成本高、效率低、受众面小。借助基于互联网的多媒体营销平台,结合二维码、APP、移动O2O、3D体验等新手段和新模式,企业可以构建线上线下结合、虚拟与现实互通的新型用户体验方式,极大地丰富产品展示和营销渠道,从而增加用户黏性,多渠道、多层次地实现供需互动。

（四）亮点特色——宁波纺织服装企业智能制造的典型案例

在第二届中国男装高峰论坛上,宁波市被中国纺织工业联合会授予"中国纺织服装产业可持续发展创新示范城市",目前宁波市是唯一荣获该称号的城市,也是宁波纺织服装产业获全国唯一"国字号"。经过30多年的发展,宁波市纺织服装产业形成了产业集聚化,产品多样化、品牌多元化和市场细分化的发展格局,年产值接近2 000亿元,年出口总额超过400亿元,是我国最大的服装生产基地,中国服装品牌基地和出口服装基地。近年来,宁波市服装业在创意创新水平、产业智能化程度和品牌建设等方面的发展轨迹,为宁波市纺织服装产业的进一步发展提供了新的途径和思路。创新、智能化,正引领宁波传统服装企业从同质化竞争中逐渐脱身,向高端商品和高附加值属性转型,展现了宁波市纺织服装产业从生产制造向智造发展的创新实践,呈现出智能制造的亮点和特色。

1. Piccolo RE 男童西装定制

（1）品牌概述

Piccolo Re 是宁波老 K 旗下的儿童正装品牌。宁波老 K 制衣有限公司是一家西服、休闲服、羊绒大衣、职业装等专业生产企业,公司创建于1984年,坐落于浙江省奉化方桥工业区。1985年"老 K"成为宁波服装的第一个注册商标,此后"老 K"牌西服多次获得国优、部优产品,成为家喻户晓的品牌,公司也几度进入全国服装百强企业行列。而且出口意大利、西班牙、德国、丹麦、加拿大和美国。由于工艺先进,深受消费者青睐。2014年,正式推出源于意大利具有国际视野的 Piccolo Re 儿童正装品牌,其严谨的工艺、优雅的风格,完好地诠释和彰显了小绅士的品格,为儿童少年的着装美学开拓了全新的领域。

（2）智能制造创新实践

◆ 个性化定制

Piccolo RE致力于儿童高端订制西装、礼服，传承宁波"红帮裁缝"精髓，继承老K企业三十多年全球高端西服的生产制作工艺，结合意大利设计师的风格，弥补亚洲高端订制儿童西服的空白，把意大利对时尚艺的追求体现在Piccolo RE的每一件作品中，Piccolo RE的诞生将满足现代父母对美好生活的追求和寄托，未来的市场上RE要做到全国地区儿童高级定制西装No. 1。

图2-4 Piccolo RE品牌海报和模特展示

目前，Piccolo RE已成为目前国内最早专业做儿童高级定制西装的品牌商，是童装的时尚风向标，凭借时尚设计理念与来自意大利的手工技艺，一直为世界各国王室所宠爱。采用先进优质面料、独家拥有的图案和印染、意大利顶级的产品设计、开发和制版能力，提供独家定制名字绣花，充分满足消费者个性化定制需求。

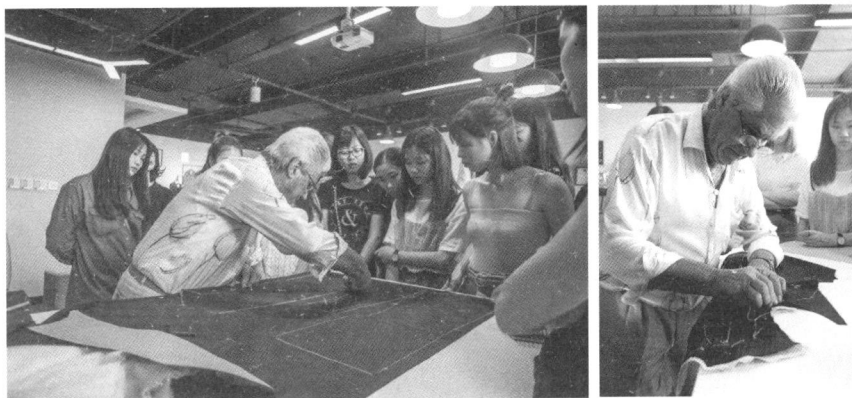

图 2-5 Piccolo RE 意大利技术顾问 Alessandro Palmisano

◆ 创新营销模式

Piccolo RE 消费群体是 1～12 岁的男童。品牌取名自意大利文 Piccolo RE，中文译为"小皇帝"。现如今年轻的父母生养一个孩子的偏多，何其珍贵和宝贝，他（她）是全世界，是太阳，是皇帝，全家人都要围绕着他（她）转。但是，Piccolo RE 要从本质颠覆这个寓意，"小皇帝"是家庭的独一无二，Piccolo RE 的专属订制既是量体剪裁，并且可以在服装上绣上孩子的姓名，仅此一套，极大地实现了"独一无二"；同时，他要由自我的约束的意识，有小绅士的气质和小君王的气度，这是 Piccolo RE 所推崇倡导的。品牌的核心价值真正以小男生为设计出发点的童装，体现意大利时尚，为儿童设计服装、尊重每个孩子的性格、满足特定的社会需求。

Piccolo RE 采用新型营销方式，设立童装生活馆和店中店集合型销售形态，可与各类产业结合运作，结合咖啡、儿童影音区、儿童游乐区、西装定制展厅，日常通过 PARTY 活动，通过软性陈列方式，增加店铺总收入，以及提升格调，扩充产业链。

图 2-6 Piccolo RE 童装生活馆

2. 雅戈尔进军顶级成衣定制

（1）品牌概述

宁波雅戈尔集团经过 38 年发展已经成为国内服装产业的巨头，牢牢占据着国内西服市场 15% 和衬衫市场 18% 的份额。特别是在服装制造工艺上，国内品牌和国外品牌已经相差无几，甚至在一些工艺上更能做到精益求精，其旗下 MAYOR 品牌正是这种工匠精神的充分体现，MAYOR 在高端个性化定制方面进行了有益探索。MAYOR 是雅戈尔集团旗下高端品牌，意为"市长服饰"。以公务及行政领袖为服务目标，汲取领先男装设计思潮，采用全球顶级男装特供面料和量体定制工艺，打造属于高端人士的正装和休闲服饰。作为中国第一个定位于行政领袖的男装品牌，MAYOR 并不以张扬和炫富为目标，而志在诠释和提升行政领袖的魅力与内涵，运用比肩国际顶尖品牌的款式和质量标准，为目标消费群提供经典含蓄、低调奢华的服装风格，尽显亲和、大气的尊贵气质。

图 2-7　MAYOR 定制过程展示

（2）智能制造创新实践

《中国男装产业发展趋势报告》显示，随着"80 后""90 后"消费者成为男装消费主体，未来服装的个性化消费迎来新的发展契机，个性化和定制化将成为服装消费新趋势。而这正是它在服装产业的一片红海里找到的"蓝海"。这片新蓝海指向的，正是雅戈尔集团服装主业的大转型。近年来，受累于全球经济下滑，服装产业受到了巨大冲击，整个行业产能过剩突出，许多服装企业紧缩产量，关闭门店。但雅戈尔认为这种过剩是结构性的，高端消费者的需求又得到充分满足，消费力流失海外,而同时许多服装企业把生产力花费在仿制产品这种低端重复的生产上。雅戈尔不是做重复劳动,而是想打造 LV 一样的品牌王国,高端成衣定制无疑可以让雅戈尔进入了一个非常细分的顶尖市场,打造属于中国自己的顶级定制服装。

MAYOR 是雅戈尔 2009 年创立的高端定制品牌,已经发展到了 60 余家门店。MAYOR 品牌致力于成为高端人士的私人时尚顾问,MAYOR 代表定制的尊贵和时尚的个性化,运用全球顶级羊绒、超高支细羊毛、进口貂毛、貂绒等面辅料,匹配适合其身型特点的定制版型,每个客户都享专属设计师一对一服务,一人一版,独立制版,近 20 个部位的尺寸测量,60 小时的精心制作,并融入大量手工工艺,300 多道工序的精雕细琢。

在品牌门店里,顾客还可以在成衣基础上得到量体裁衣的修改服务等"微定制",定制服务周期只需 7 天。门店还有时尚顾问服务,接单 72 小时内,由布局全国一二线城市的门店按就近原则安排专业时尚顾问师上门服务,根据顾客需求,提供时尚衣饰专享服务。在整个定制环节,有私人时尚顾问与顾客进行双向沟通,了解顾客内心的真正需求,通过单独量体、甄选材料、制版裁剪、疏缝毛衬、手缝毛壳、顾客试身、精裁精缝、压烫、质量检验等环节完美呈现定制产品。可以说,整个定制过程不仅完全贴和顾客身体尺寸,更融合了纯粹的私人理念,从整体到细节都趋于完美,让顾客真正享有个人专属度身定制服务。

为高端品牌定制铺路,雅戈尔的战略布局其实早已开始。不久前,装修设计费高达 3 000 万元的无锡"雅戈尔之家"正式亮相,门店营业面积达 2 000 平方米,而这只是雅戈尔未来五年计划开出的 1 000 家实体体验大店中的一家。

图 2-8　MAYOR 店铺展示

为实现品牌的高端定制,2016 年 10 月,MAYOR 与五家欧洲面料供应商合作启动科技与创新战略,将投入 100 亿元加强新材料、新面料、新工艺、新品牌和新服务的创新。这些面料供应商包括著名的意大利的 CERRUTI,其 1881 面料在 2014 年纽约第五大道和国际羊毛局组织的全球精纺面料比赛中赢得第一,在最为擅长的男装西服面料领域,每季均开发 4 000 余个品种,供应商这些优质的面料将成为中国服装行业迈向高端品牌的资源。高端面料,本地制造,更有竞争力的价格,雅戈尔接下来想用这个竞争策略组合来全面拓展自己的定制品牌,用五年时间再造一个雅戈尔。

图 2-9 雅戈尔携手国际顶级面料商打造高端服装定制品牌 MAYOR

3. 慈星全方位智能化

(1) 品牌概述

宁波慈星股份有限公司是一家主要从事电脑针织机械的研发、生产和销售的企业,主要从事电脑针织机械的研发、生产和销售,公司主要产品包括电脑针织横机和电脑无缝针织内衣机,其中电脑针织横机主要用于毛衫生产,电脑无缝针织内衣机用于无缝针织内衣的生产。公司作为第一单位起草编制了电脑针织横机国家行业标准、首份电脑无缝内衣机国家行业标准。

2016 年慈星股份与杭州置澜投资合伙企业(有限合伙)共同出资设立"慈星互联科技有限公司",以此搭建针织品智能柔性定制平台,用工业化流程高效生产个性化产品,进一步开拓针织服装市场,拟采用"机器人＋互联网"打开成长新空间。

图 2-10　慈星高科技产品展示

（2）智能制造创新实践

国家工信部发布了 2016 年智能制造试点示范项目公示名单显示，此次公示项目共计 64 个，纺织相关项目共 3 个入选，宁波慈星股份有限公司申报的"针织品智能柔性定制平台试点示范"即是其中之一。事实上，从 3D 技术到终端产品柔性定制，宁波磁星一直在智能制造领域不断探索。

◆ 3D 技术

慈星的 3D 早已非常驰名，3D 技术主要是应用于服装设计上，能让服装有3D 的立体效果，提高产品的价值。3D 技术在荧幕上很容易就能显现出来，这使厂家很容易就能对之进行修正，编织出最准确的影像，这是以前传统的方法无法办到的。因为 3D 技术涉及软件，软件的研发成本很高，但制作成本不是很高，为了回馈客户，慈星不会把这个技术附加在上面，而是由慈星来承担这些成本。

◆ 一次性成衣设备

慈星的智能柔性定制是新科技的再一次运用。从下单、智能工艺、安排生产、原材料选择、开始智能编辑、智能化缝制（上胶）、后道整理、到整烫定型，顾客只需要站上 5 秒钟，拍一张照片，就可以得到全方位的多项服装数据；运用最新的无缝超声波技术，顾客可以得到一件不用一针一线缝合的时装。

◆ 工业机器人研制

作为中国针织行业的知名企业、电脑针织横机市场保有量行业第一的企业，慈星股份不仅依靠科技创新不断稳固、推升横机主业竞争力,在机器人战略布局方面的成效也已经显现。慈星机器人业务不仅涉及工业机器人,还包括服务型机器人,当前已经推出了服务儿童机器人,未来还将涉足服务老人、助残等方面。此外,慈星在制鞋方面已经依靠机器人实现了整条生产线的自动化,在异型面的缝制方面,慈星也在做相应机器人研制。

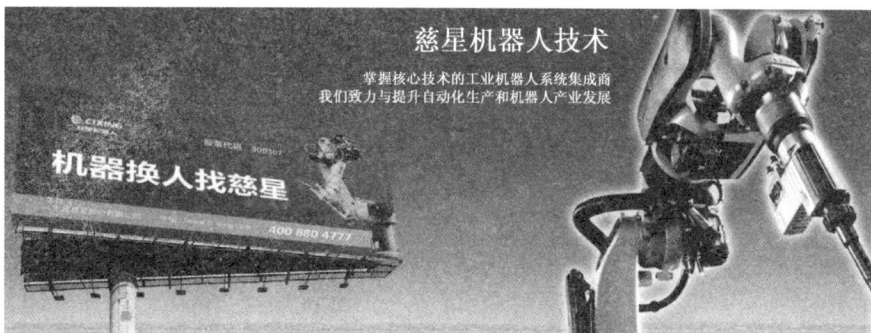

图 2-11　慈星智能制造理念

　　从 3D 扫描到终端服装产品,慈星通过对核心技术的把握进行资源整合,形成了针织自动化生产线。可以说,慈星对于智能制造诠释得很好,在生产装备的智能化、运营的智能化以及终端产品的智能化方面都进行了创新实践。慈星还拥有自动化制鞋生产线以及机器人制造中心,企业在各个业务板块的发力点均体现出了"智能化"特色。慈星股份有限公司董事长、CEO 孙平范表示,身处纺机业,几代人的传承,让他对这个行业产生了深厚的感情。慈星始终将"推动中国针织工业进步"作为使命,虽然涉足业务比较多,但纺机仍旧是慈星的主业。对比国际同类企业的发展,慈星产品的性价比优势明显,在孟加拉国、柬埔寨、越南等地的市场反响非常好,企业会持续发力,让中国企业、中国设备在世界舞台上扬眉吐气。

4. 旦可韵云定制

（1）品牌概述

　　宁波旦可韵服饰有限公司成立于 1993 年,位于中国服装名城——宁波市。公司厂房占地面积 12 000 平方米,拥有各类针织机器 1 000 多台,员工 1 000 多人,年产毛衫 60 多万件;公司采用先进的专业 ERP 系统软件,管理科学,生产高效;自营品牌"旦可韵",在浙江、江苏、山东、云南、辽宁、黑龙江、河南、湖南、湖北、江西、四川等地拥有 200 多家定做专卖店,是中国毛衫定做行业的领头羊。同时,公司还积极拓展海外市场,产品已远销意大利、法国、加拿大、日本等国家,以及香港、台湾等地区。公司拥有 200 多家加盟连锁店,专业量体定做"旦可韵"毛衫,自由多变的选择空间能够将消费者的个性风采展现得淋漓尽致。

图 2-12　旦可韵店铺展示

(2) 智能制造创新实践

为满足消费者个性定制需求,旦可韵开发了"云定制"平台,把"互联网＋服装定制"的梦想变成现实。在旦可韵的"云定制"平台上,客户在电脑前、手机前拍照,上传图片,后台就可通过图片数据测出人体尺寸,数据将直接传输到工厂制作。从下单到服装制作,全程可通过计算机管理来实现。该系统能实现从下单到整件服装制作全部通过计算机管理来实现,产品生产周期从原本的 15～20天,减少到 1 天,生产效率提升 20％,人员减少 30％。可以说,信息化与传统制造业的融合形势下的定制,并非一对一"量体裁衣"式的制作服务,而是通过互联网平台和自助式设计平台,采用模块化产品设计形成数据库,以柔性化的模式满足个性化需求,助推企业从低利润"血拼"迈向高利润增长。数字化和柔性化生产让个性定制"走下神坛",并在满足用户需求及成本控制之间寻求到了平衡点,这打破了传统标准化的大工业流水线生产模式,实现了一种全新的产业链再造。

5. 拇指衣橱 C2F 模式

（1）品牌概述

拇指衣橱（浙江）服装科技有限公司成立于 2016 年，是一家将线上定制与线下服务无缝融合的互联网男装定制企业，员工约 40 人。公司通过模式创新、生产创新，服务创新和跨界创新，彻底颠覆了中国几十年来产能过剩、库存积累的生产制造问题，旨在运用互联网创新思维，实现互联网＋服装制造业的有效结合，提供了一个供给侧改革的实际商业样版。

图 2-13　拇指衣橱品牌标识

（2）智能制造创新实践

拇指衣橱团队认为真正的互联网思维就是要把用户当成互联网中心，中间成本为零，利润延伸，体验成为必须，情感成为强需，要从过去以生产为中心转化为以消费者为中心。正是通过这样的创新思维和技术，拇指衣橱打造了一个开放的平台，成为中国第一家互联网＋落地体验中心。结合互联网及大数据应用，拇指衣橱（浙江）服装科技有限公司则开创了 C2F（Customer to Factory，客户到工厂）的"极简模式"，并在宁波南部商务区开设了首家体验店。消费者柔性化定制，工厂个性化生产，一人一版，一人一款。虽然公司成立不到一年，订单量已超过 1 万单。

拇指衣橱创造了 C2F 男装个性化定制生态系统模式，创新颠覆了传统服装制造业 F2C 模式。消费者通过在线上 APP 或者线下体验中心参与设计想要的服装，到工厂端工业 4.0 的个性化柔性生产供应链为你定板制作，再到线上 APP 或线下体验中心享受免费售后服务，真正实现了消费者直接到工厂的最短路程。超高性价比却没有任何中间环节的费用支出，工厂实体店 0 库存 0 积压，线上线下全渠道结合跨界，体验式服务的创新销售模式，彻底解决了用户、工厂、销售三大痛点。

拇指衣橱 C2F 男装个性化定制生态系统模式创新具体是：①在线上 APP 平台实现 3D 定制：消费者进入 APP，通过网络，全程参与设计和个性化定制，参

图 2-14　拇指衣橱体验中心展示

观整个制作、物流过程，甚至与工厂互动，直到收到产品。②工业 4.0 个性化柔性供应链体系：工厂用 CRM 管理系统连接 APP 自建样板，一人一版、一人一款，直达用户与线下体验中心，实现了个性化小订单的柔性化生产模式。③创新的线下服务体验：只要把一个东西做到极致，超出预期才叫体验，拇指衣橱线下体验中心免费提供形象设计、免费量体、免费咖啡厅、终身免费干洗熨烫和修改、场景化服务营销完美呈现，打造用户尖叫与口碑传播。

此外，在营销上放弃了传统的广告投放，而是通过建立会员社群，为会员们提供互联网转型及企业管理等服务，企业家们（会员们）在社群里可以互相学习、交流、创新思维、扩宽人脉，为用户搭建了平台，与用户建立粘性，进行口碑传播，大大降低营销成本为跨界模式（教育培训跨界，商品跨界）、粉丝社群经济模式搭建了一个互联网＋创新社群平台。

（五）展望发展——宁波纺织服装产业智能制造推进策略

展望未来，智能制造是宁波纺织服装产业提质增效的必然选择，当前纺织服装产业发展面临从中国制造向中国创造、从资源配置型向创新驱动型的深度转型。因此，推进信息化与工业化深度融合，加快推广智能制造已成为宁波纺织服装产业应对新一轮科技变革的必然要求，需要产业界、政府及相关方通力合作、携手推进。

1. 政府指引：强化战略引导，营造制度环境

从政府层面，应主要致力于融合发展战略指引和制度环境的营造，通过发布指导意见、出台具体实施办法等体现政府意图，建立顶层的协同推进机制，推动各部门在政策制定和实施方面的协调配合。

（1）完善相关法规制度。围绕智能制造发展需求，重点加快信息安全法、数据保护法、信息资源开放共享、反不正当竞争法等法规的完善构建。针对融合发展引发的新技术、新业务和新业态所催生的法规制度问题，开展前瞻性储备研究。

（2）加快相关标准制定或修订。围绕跨界融合发展需求，按照"共性先立、急用先立"的原则，引导加快基础共性标准、关键技术标准和重点应用领域标准的研制，尤其加快制定和推广适应互联网与工业融合发展的接口标准与数据通信标准，并加强对标准执行过程的监管。

（3）加大财政资金扶持。设立智能制造发展基金，引导社会资本加大对企业智能制造项目的投资支持。整合利用现有专项资金，加大对融合创新技术研发、产品和服务创新、平台建设、应用示范等的倾斜力度。

（4）完善融资服务支持。鼓励商业银行和政策性银行创新信贷产品和金融服务，加大对智能制造创新项目的贷款投放力度。引导和鼓励互联网金融、融资租赁等金融产品广泛应用到智能制造领域，解决企业转型升级融资难题。

（5）大力培育应用市场。积极开展智能制造发展新观念宣传，在研、产、供、销、服等各环节培育一批纺织服装企业智能制造示范企业。鼓励相关市场主体依托互联网平台、信息技术积极进行产品、业务、模式创新，针对纺织服装细分行业的典型项目开展试点示范。加快智能制造创新载体建设，推动建设一批创新活力强、市场影响大的智能制造特色示范基地。

2. 企业主导：把握智能制造发展态势，确定转型策略

作为智能制造创新主体的企业，需要及时准确把握智能制造创新发展态势和重点方向，制定既变革求新、又量力而行的发展策略。要树立开放、共享的新观念并付诸实践，积极学习借鉴典型企业好的经验和模式，加快组织结构、运营模式调整，力争在智能制造中实现新发展，具体可以从以下几方面寻找切入点。

（1）实现资源共享协同的生产组织创新。利用互联网平台和信息技术集聚市场需求、设计、供应商、用户、加工制造等产业链资源，实现资源实时互动和共

享,打造扁平化、高效协同的企业组织。重点可在供应链协同、设计协同、用户协同等新型生产组织模式方面进行探索。

(2)满足个性需求的制造模式创新。发挥互联网广泛连接市场的作用,通过互联网平台和信息技术了解用户的个性需求,推动传统生产模式由大规模生产向规模化个性定制转变,可重点发展规模化个性定制、远程设计等创新模式。

(3)支撑智能绿色的生产运营创新。充分发挥互联网对海量工业数据等资源的集聚作用,通过大数据模型,提高设备、产品的运营效率、智能决策和绿色制造水平。可重点发展大数据分析、故障预测、能耗监控、精细管理、工业 APP 等工业互联网应用。

(4)提升用户体验的产品及营销模式创新。发挥互联网金融参与度高、协作性好、中间成本低、操作便捷的优势,利用互联网对工业企业生产、运营及创业资金进行高效融通和精准匹配。重点可在供应链金融、众筹孵化等网络金融服务方面创新。

(5)支撑全业务、全流程智能制造转型的集成创新。利用互联网实现企业内外全业务、全流程互联互通、协作共享的平台化转型,提升生产效率和决策水平,降低成本,树立企业新优势。有条件的企业可重点推进智能工厂、全流程交互平台、物联网等集成创新。

3. 行业助推:打造跨界平台,促进协同发展

在行业层面,应充分发挥行业协会或联盟等中介组织的作用,通过它们集聚产业各力量,搭建跨界融合创新平台,组织开展联合技术攻关和标准制定,促进交流、合作与共享,形成优势互补,切实帮助解决行业智能制造和企业转型升级的现实问题。近期需要重点关注以下方面。

(1)推动智能制造创新公共平台建设。建立和完善智能制造综合信息平台,打破产业链上供需信息流动障碍,推动产业链内部企业间以及产业链内外实现更加公开透明、便捷高效的衔接;推动建立国家智能制造试验平台,为产业各方开展技术攻关、新产品、新业务、新模式研发等提供实验网络、验证环境等;鼓励信息技术与领先企业联合打造核心技术创新生态体系,构筑面向产业链各方服务的行业应用平台。

(2)推动智能制造技术群体突破。大力推进产学研协同创新,积极推动企业与大学及科研院所之间的深度合作与协同发展,将基础性研究与实际应用相结合,加快研究成果转化。鼓励互联网、IT 企业与纺织服装企业的深入合作交

流,吸引软件架构编程、硬件设计、网络安全等 IT 界更多优秀的人才以多种形式加入到高端智能制造装备、智能控制系统的设计和研发中来,以人才优势带动智能制造发展。

(3)推动协作、交流与共享。组织领域内的企业通过参加研讨会、交流会、案例推介会、培训、展览等活动,以及利用现场观摩学习会等多种形式,弥合不同领域的认识差异,促进行业交流及市场拓展,充分发挥示范带动效应,促进经验交流与扩散。组织开展与智能制造发展相关的新技术、新应用、标准、认证、政策法规等方面的培训、解读、人才培养等服务,帮助企业快速适应智能制造发展的需要。积极组织和推动智能制造创新成果发布和宣传,扩大智能制造的社会影响,加快推动形成智能制造发展的共识。

二、"太平鸟"集团创新研究

2017 年 1 月 9 日,宁波"太平鸟"时尚服饰股份有限公司在上海证券交易所上市,成为当年首个登陆 A 股的中国服饰品牌。

公司创业始于 1989 年,"太平鸟"品牌创立于 1995 年。公司从 1996 年至今一直位列全国服装行业销售收入和利润"双百强"单位,2000 年起荣登宁波市百家重点企业、宁波市百强企业、浙江省百强私营企业、全国民营企业 500 强之列。目前,集团总资产 47.25 亿元人民币左右,旗下共有 6 个品牌,累计零售额达 90 亿元,零售市场占有率跻身国内中等休闲服饰前五,全国门店总数近 4 000 家,遍及 31 个省、市、自治区,全国员工数量达上万人。2016 年集团实现经营收入约 63.20 亿元人民币。从品牌创立,Peace Bird"太平鸟"已经走过整整 20 年。"太平鸟"的成功自始至终都和创新紧密相连。

(一) 四次创新,抢滩中国服装版图

1996 年"太平鸟"创始人张江平与创业伙伴们,以象征自由、快乐、美丽的和平鸽为原型,创建了 Peace Bird"太平鸟"品牌。从 1996 年起,"太平鸟"着力发展男装。在没有先例可以遵循的情况下,张江平带领着伙伴们坚持"错位竞争"提出休闲男装的理念,奠定品牌发展基石。

1997 年的亚洲金融危机,危机促使"太平鸟"第二次改变。当时,"太平鸟"把所有优势集中在产品研发和渠道,让企业从重资产企业转型为轻资产企业,开始一场由内而外展开的自发性革命,自我变化,自我创新。

2001 年"太平鸟"女装成立,标志着"太平鸟"的第三次革命性创新。尽管"太平鸟"的诞生地——宁波并没有做女装的土壤,但凭借之前的渠道优势,以及品牌上的延伸性,"太平鸟"女装很快就成为时尚个性的女装代名词。

2008 年,世界范围的金融危机再度袭来。"太平鸟"逆潮流而动,将金融危

机当成了全新布局的最好时机。在当时许多服装企业对电子商务认知不太清晰时,"太平鸟"率先布局了自己的电子商务版图,入驻了天猫、唯品会、京东商城等电商平台,设立了"太平鸟"购物网站,在中国服装品牌领域整整快出对手一个时代。第四次创新让"太平鸟"在电子商务领域打下坚实的基础,经过几年的努力与积累,在 2015 年"双 11"全民狂欢购物中,"太平鸟"电商表现强劲,旗下几个品牌当日销售总计达 3.83 亿,位列中国时尚服饰销售第一。

截至 2015 年 12 月 31 日,网上销售渠道已拥有超过 540 万的注册会员。电商收入从 2013 年的 3.19 亿元增长至 2015 年的 8.91 亿元,2016 年双十一实现销售 6.15 亿,同比猛涨 61%,其中男装达 2.45 亿,截至 2016 年 6 月 30 日,电商收入占比达 18.65%。网上销售渠道已拥有超过 600 万的注册会员、同比增长 36%。

(二) 专注服装主业,坚守时尚阵地

从创业到上市,"太平鸟"的成功重要因素在于 20 年坚守主业,不忘做时尚的初心。在受到国外品牌疯狂进驻国内市场的打击,国内不少服装品牌也纷纷转型成为投资公司、房地产公司时期,"太平鸟"选择逆势而上,并积极扩张品牌。

1. 产品升级,多梯度、多品牌组合协同

"太平鸟"成立之初主打品牌 Peace Bird 装。1997 年推出 Peace Bird 女装品牌。2008 年推出乐町女装品牌。2011 年又推出 Mini Peace 进军童装市场。为进一步丰富组合,错位竞争,2013 年引入国外女装品牌 Material Girl,翌年推出高端男装品牌 Amazing Peace。服饰品类包括女装、男装、童装,拥有 Peace Bird 女装、乐町、Material Girl、Peace Bird 男装、Amazing Peace、Mini Peace 六大品牌。

2014 年,"太平鸟"从更换品牌标识开始,打造更符合潮流趋势的品牌形象,带着时尚感和年轻化的标签,旨在更深入年轻人市场。与同时期的传统服装品牌相比,在产品辨识度上拉开距离。紧紧围绕"90 后"消费共性标签差异化(具有展现个性的消费需求)、宅生活(追求高度便捷的消费方式)、有内涵(有故事的产品才能抓住 90 后的心)和娱乐至上(娱乐消遣必不可少),"太平鸟"通过货品组合来传达年轻态的生活方式,通过货品布局,尝试通过讲故事展现人物风貌,通过讲故事打造品牌,传达企业传播品牌内涵、文化、价值。

　　悉数各品牌定位的差异,可以从中窥见其面向不同购买力与年龄段细分市场的品牌组合协同。从"价格＋年龄＋品类"多角度出发,搭建形成"核心品牌、新兴品牌、初创品牌"三个不同发展梯度、结构合理的品牌矩阵,有效覆盖消费者,具备滚动式发展的潜力和优势。

　　Peace Bird 女装(核心品牌,2016 年上半年实现营收 10 亿元,处于调整转型期),瞄准时尚、活力,亚洲,25～30 岁的都市女性,价格定位在中高档。分别拥有 Style、Show、Street 三个系列。Style 主打名媛风尚,是专为具有优雅气质、充满女性魅力的消费者设计的品牌系列。Show 主打秀场造型,是为其强烈创新意识和独立意识的消费者设计的品牌系列。Street 主打高街潮流,是专为着装随性但追求有型、不断寻找新的形象来表达自己年青活力的消费者设计的品牌。

　　乐町女装(新兴品牌,2016 年上半年实现营收 3 亿元,发展势头迅猛),面向甜美、优雅、活力,18～25 岁都市少女,价格定位在中档。分别拥有 TIBI、Love、Cool 系列。TIBI 崇尚复古甜美、轻盈精巧、充满趣味的少女风。Love 崇尚优雅摩登、独特创意,打造艺术新浪潮的全新少女风。Cool 崇尚俏皮叛逆、帅气、小性感的少女风。

　　Material Girl(初创品牌,2016 年上半年实现营收 3 201 万元,快速增长但尚未盈利)女装为美国超级明星麦当娜和女儿所创立。2013 年,Material Girl 由"太平鸟"集团引入国内,价格定位在中高档。聚焦于新潮、大胆、俏皮,18～24岁新时代少女。分别拥有 Style、Street 系列。其中 Style 系列为具有明星气质、闪耀的新新少女风。Street 系列为街头、随性、独立精神的少女形象。

　　Peace Bird 男装为核心品牌,2016 年上半年实现营收 9 亿元,稳健发展,聚焦于时尚、优雅、亚洲 25～30 岁的都市男性,价格定位在中高档。分别拥有Collection、Casual 系列。Collection 主打斯文系列,以高级剪裁为代表,倾力打造自信的都市男性形象。Casual 主打生活系列,以多种时尚元素融合,热衷于表达自由的男性形象。该品牌原本的品牌定位以 27 岁左右、斯文、休闲的上班一族为主。现在 Peace Bird 男装早已打破原本的品牌定位,集合了更多符合当下潮流趋势中的各种元素。

　　Amazing Peace(初创品牌,2016 年上半年实现营收 840 万,尚处于发展期)男装定位于品位、时尚、轻奢的 30～40 岁时尚商务男士。

　　童装 Mini Peace(新兴品牌,2016 年上半年实现营收 2 亿元,爆发式增长)品牌瞄准时尚、活泼、4～10 岁的都市儿童。具有男童和女童系列,价格定位在中档。公司还入股法国高级定制品牌 Alexis Mabille，未来有望进军高端定制领域，为消费者提供更高级、更专业的时尚选择。

经过了 18～20 年的发展，两大长线品牌 Peace Bird 女装和 Peace Bird 男装均体现出明显的成熟度，近三年的收入增长率仍然保持超过 20％，两者共计贡献了集团八成收入，同时领跑毛利贡献，毛利率均超过 55％。

创立五年的童装品牌 Mini Peace 表现出强劲的增长势头，近三年的收入 CAGR 甚至超过了 130％，毛利率也达到了 55％，成为"太平鸟"的明星品牌。Mini Peace 的成长无疑抓住了新一波主力"80 后"消费人群结婚生子对于品牌童装的增量需求，尤其对于已经成为 PB 女装和男装忠实客户的年轻父母会产生很强的购买转化。

2. 产品强化设计，驱动与高频更新

"太平鸟"集团非常重视自主研发和品牌设计，2015 年"太平鸟"集团研发投入 6 400 万元，占到管理费用的 14％，仅次于职工薪酬。"太平鸟"集团目前拥有超过 500 人的设计团队，平均年龄在 28～29 岁之间，掌门人张江平坚持培养自己的设计师团队，以求更加了解消费者需求，引起消费者共鸣；同时十分注重与国际市场加强交流与合作，提高设计师的素质与能力。

2015 年，"太平鸟"集团服装颜色投放数量为 8 632 款，相较于 2013 年数量增长了 10％，也就是当年平均每个品牌一年上新 1 700 款。与此同时，"太平鸟"集团在上货波段上也极为高频。2015 年，Peace Bird 女装上新品 36 波段，Peace Bird 男装上新品 32 波段，乐町上新品 36 波段，Mini Peace 童装上新品 28 波段。平均下来，零售门店确保平均每 1～2 周上一次新品。

多款 SKU 以及高频率波段上新，不断提高门店对消费者的吸引力和粘性。通过 SKU 的快速迭代更新，保持线下体验的新鲜感，顺消费者需求而变，提高消费者入店几率，有效拉动销售增长。

（三） 跨界营销、互动营销，实现精准营销

作为国内极早涉足电子商务的企业，已是国内品牌时尚网络零售的领先者，拥有先进的网络信息技术平台，其重创意、强品牌，独辟蹊径的创意快时尚发展路径已在国内服装业奠定独一无二的地位，是宁波时尚产业商业模式创新的企业典范。

随着"80 后""90 后"成为消费主力,品牌纷纷追随潮流、转换策略,向着娱乐化的商业"秀"场靠拢。"太平鸟"和年轻人进行更多的互动,从时尚界踏入了音乐界,让服装除了能看能穿,还能"听"。"太平鸟"已在提前布局"网红"经济,"网红"以导流为主,能进行精准营销。"太平鸟"电商部门下有一个"网红"事业部,2015 年邀请国内时装创意人韩火火设计了迪斯尼系列服装。在娱乐化和互动化之中达到精准营销。

通过音乐节,将秀场和音乐节结合,玩转跨界,通过互动营销当日引流效果达到近万人,可谓国内服装品牌音乐和时尚跨界鼻祖。此外,Peace Bird 女装品牌在双十一和 emoji 跨界合作,推出跨界小黄脸表情包;少女品牌乐町和贝蒂联名合作,借助强力 IP 打造"贝蒂省钱大作战"互动游戏等。

(四) 四轮驱动,全渠道营销

1. 线上线下全渠道融合

当前,零售业正在经历一场脱胎换骨的改造,"新零售"成为新时尚,传统零售与电商之间呈现相互包容、相互弥补的关系,让消费者更加便利。从全球来看,零售商和电商都在从单一渠道向复合渠道和全渠道过渡。2016 年"双十一","太平鸟"线上线下打通的店铺超过 100 万家,实现线上线下全渠道融合,成为传统品牌深耕线上的典型案例,也是新零售演变中典型样本。

"太平鸟"目前实行的是"四轮驱动"的全网全渠道的销售模式,分别是百货商店、步行街店、大型综合体,还有电商渠道。最有代表性的就是与万达进行合作,在万达广场的销售额高达十几亿。线上下单、线下门店发货,"太平鸟"对全渠道进行着整合改造。2016 年"双十一"期间,线下门店的商品、线下经销商的商品在网上销售给消费者,超过 400 家的线下门店参与 O2O。消费者无论在网上,还是走在大街上,在购物中心里面,能够有一个立体化购物方式,能够真正实现线上线下无障碍、一体化的体验。

"太平鸟"通过尊重理念数据做好科学的备货;基于对往年的数据回溯和现阶段的流行趋势的研判来优化货品结构;做好线上线下全渠道同步化,通过使逾 500 家线下门店参与 O2O 来达到线下引流和备货、线上下单一体化以及自动匹配,实现真正的全渠道营销。

2. 完善供应链，打造强大物流体系

为了满足公司"快时尚"的定位，以"快节奏""快速度"抢占市场先机，高效率的物流运作成为必不可少的支撑能力。"太平鸟"时尚服饰于 2012 年 10 月 17 日成立了慈溪"太平鸟"物流有限公司。

（简称"'太平鸟'物流"），并在宁波市慈溪滨海经济开发区三期区块建设"太平鸟"慈东服饰整理配送物流中心项目。借助对现代物流技术的不断创新应用，"太平鸟"物流为"太平鸟"时尚服饰旗下所有品牌服饰的线上和线下业务开展提供了强有力的物流保障。物流平台作为"太平鸟"以互联网为基础重点打造的现代商业基础设施，和信息平台、资金平台、支付平台等平台，一起构建了"太平鸟"线上线下全渠道购物的基础。

在此基础上，"太平鸟"集团将前台、后台以及营销渠道全部打通，通过物流基地和资金平台、IT 平台、DT 平台以及供应链解决方案，来实现更好的交付体验与库存管理、更短交付路径、更快服务速度，为线上线下全渠道购物体验保驾护航。

（五）紧盯年轻态生活方式，打造快时尚商业模式

随着 ZARA、H&M、UNIQLO 进入中国市场，以及它们的良好市场表现，国内企业的品牌意识也在觉醒，"快时尚"成为一种商业模式，得到了广泛认同。快时尚在整个产业链体系上的表现是快速生产、快速物流、快速销售，在整个生产环节中能够快速运转，并且迅速地向市场推出最为流行、最为新颖、最为时尚的款式。其核心是在全面有序地整合产业资源的基础上，对市场需求进行快速反应，快速推出产品，并进行销售的一种运作模式。"太平鸟"集团在确定时尚服装为发展目标后，认识到专一的生产型企业已经很难适应批量小、款式多、色彩新、变化快的休闲服饰对设计、生产和营销的要求，确定践行快时尚商业模式。

1. 决胜快时尚法宝之一——靠设计

"快时尚"上货时间快、平价和紧跟时尚潮流的特点，是建立在优秀的设计师团队基础上的。

为加强研发实力，公司出资千万元，从意大利、德国、日本等国家引进成套设备，高薪聘请服装设计和研发人员。在引进来的同时，公司每年派出设计、管理

团队外出考察,进驻 ZARA 等国际知名服装企业交流、学习;与国内最顶尖的专业机构长期合作,加上与国际多家设计机构的深度交流,使"太平鸟"的设计理念蕴含了无限的想象和活力。强大的设计力量,使得推出的"既时尚,又中国"的时尚品牌服饰大受市场欢迎。

目前,"太平鸟"品牌服装设计团队,人数达到 130 多人,并逐渐向 300 人团队发展,从产品设计到终端环节不断压缩,一年要投放 5 000 多个新款,平均每天有十多个新款上市,"太平鸟"服装始终走在时尚的前沿。

2010 年 6 月"太平鸟"正式签约入驻宁波和丰创意广场,这标志着"太平鸟"迈向创意产业方向发展的新高峰,体现了"太平鸟"品牌未来的发展发向。这种改变,有利于"太平鸟"服装设计团队更广泛地互相交流学习,有利于激发设计师的创意灵感和创意元素的采集,赋予商品更多的精神性、概念性的附加值,进一步提升品牌创意设计的价值,有利于整体品牌的可持续发展。同时也将对"太平鸟"产生人才集聚效应,必将吸引到更多创意精英。人才的大量流入,将促进创意产业健康快速发展,也为"太平鸟"未来的成长提供智力支持和人才保障,使其设计始终处于行业领先。

在提升产品创意设计的同时,"太平鸟"将"快时尚"的理念融入销售渠道,通过"感知+反应",第一时间向消费者传达时尚信息。根据电商平台上的消费数据快速地推出新品。电子商务给传统行业带来的变化更多是知道消费行为的背后是哪一个城市、哪一个人、讲什么话、有什么习惯和偏好什么生活方式。这些数据可以让产品设计得更到位。在今后的融时代里,更多的数据应用到传统服装行业里。服装只是一个载体,今后的大融合也是在时尚这个生态圈里面。

从密集专卖店营销模式,到以 2 000~3 000 平方米"时尚旗舰店"引领、并以"自营+代理"的模式进行营销渠道发展,"太平鸟"大胆改变传统品牌单一销售的套路,整合多元化时尚要素,将品牌的创新时尚感,按大店全系列、小店单系列的店铺运营机制,以最具冲击力的姿态传递给消费者,仅宁波天一商圈,就有 9 家"太平鸟"各种品牌专卖店。

加工——制造——创新——创意充分体现了"太平鸟"的资源整合能力和对产业链的管理能力,也使企业产品竞争力不断提升,企业迅速做大做强。

2. 决胜快时尚法宝之二——靠信息

目前国内大多数服装企业仍处于信息化程度较低的阶段,"快速反应能力"在很多企业中都无从谈起。由于缺乏适时的信息化管理手段,企业不能快速、准确地了解各分公司、专卖店、代销商场的销售情况和库存状态,很难对各专卖店、代销商场做到准确配货,也很难进行销售预测与分析。传统的分销体系基本上都采用手工作业,需要几天时间才能做出一张基础表格,更不用说总报表,企业领导根本做不到及时准确地对经营管理做出决策。

因此,在讲究"快时尚"的今天,服装企业的信息化尤其重要,像 H&M、ZARA 以及诺奇,就不会为企业的库存问题而头痛。"太平鸟"的信息化建设起步早,可以说在整个服装产业中,一直处在一个较高的水平。它已经建立起了从采购到终端完全一体化的信息管理系统。在这个系统中,任何细小的问题都会被及时发现并被很好地解决。这些年,公司用在信息化建设方面的费用在几千万元。大投入的直接效果就是避免了因信息不对称、不准确造成的不必要损失,试想对一个销售数十亿的公司来讲,即便是一个小数点后的误差,造成的损失也许就是几百万元。

3. 决胜快时尚法宝之三——产业链整合

由于采取虚拟模式经营,"太平鸟"对于供应链系统的依存度相对较高,这也在很大程度上迫使公司不断思考对于合作系统的资源整合。

以生产环节为例,传统的订单制模式,一款服装从设计到销售,一般要花上半年左右时间,快的也需要两三个月。而"太平鸟"采用的是订单制与快单制相结合的模式,其中快单制从产品设计到上市仅需 20 多天时间,如此速度,把控生产、控制库存就成为关键。现在,"太平鸟"已经与自己的贴牌企业建立了良好的合作关系,依托公司强大的信息化管理能力,既保证了产品的上市时间,又有效降低了库存的产生。

"太平鸟"最早在国内提出了"快时尚"概念,"太平鸟"的快时尚模式,注重品牌的经营、产品研发设计力量的锻造和提升、对产品销售渠道的掌控及更新,依托 IT 系统等现代技术手段,对产业链上下游资源进行运用及整合。现在公司的品牌服装经营中,基本只保留了最核心的、具有较高附加值的产品设计开发以及终端营销网络两块功能,其余的比如生产制造、物流配送甚至部分销售门店的搭建等,都采取了外包的形式,确保企业在有限投入的情况下,有效利用外部社会资本等各种外部资源,实现产业模式向"微笑曲线"的两端攀爬,迅速将企业做大做强。目前,从街边店铺、单个女装品牌,到拥有线下 3 794 家门店,共 6 个不同定位的品牌,年创营业超过 59 亿元,实现了跨越式的发展。

对于"太平鸟"而言,快时尚有很多别人难以复制的特点,核心竞争力不仅仅是质量、价格、市场规模,更是难以模仿的创意;宽容的氛围、自由的信息、开放的平台,对人才的使用不再是基于控制,而是基于激励;在时尚产业链中不是做一个配合者,而是成为一个组织者和领导者,运营管理的重点不再只是公司内部,而且扩散到了对供应商、渠道的管理,包括信息网络的设计、生产计划、运作方式、跟踪控制、库存管理、供应商和采购管理等工作是主要着力点,是作为整个供应链的信息继承中心、管理控制中心与物流中心而存在。

纵观整个行业,"快时尚"服装模式的发展代表了世界时尚服装产业的发展趋势,其领先的品牌和营销理念,也必将拉动中国以加工为主的服装产业链进一步升级。从市场竞争来看,快时之所以能够受到消费者的青睐,是因为按快时尚模式运作的品牌能够提供丰富的、多样化的产品,提高了消费者的时尚选择性。然而,快时尚在发展的过程中也存在一些矛盾。

首先是平价时尚路线与产品质量之间的矛盾有待解决。面料质感、产品品质有待提高。有消费者称,这些衣服远看设计感十足,但面料手感较差,线迹粗糙、线头多的情况时有发生。这些需要快时尚服装企业在兼顾设计感的同时将产品质量进一步拉升。

其次是多款与原创之间的矛盾。为了保证产品的持续热销,快时尚往往遵循的是紧跟潮流而不是创造潮流的原则。原创设计并不是快时尚的卖点。在欧洲,ZARA 每年要向那些顶级品牌支付几千万欧元的罚款——因为他们大部分的款式都是抄来的。而美国本土快时尚品牌 Forever 21 也成为抄袭指控的焦点。Anna Sui(安娜苏)去年春夏的一款超过 200 美元的红色印花连衣裙在 Forever 21 的类似产品售价为 17.8 美元。如何解决好这一矛盾也将是快时尚品牌向更具规模发展的一道屏障。

再次是跟国外相比,中国的快时尚最大的差距在于产业链整合能力。快时尚要求把产品生产周期缩短,从产品开发到制造、物流、配送、上架等整个产业链的运作周期要尽可能地缩短。这要求纺织服装企业对产品的开发能力、生产等整个产业链的掌控能力和运作能力有很大的提高。然而,跟国外比,国内纺织服装企业在以上方面还是有着较大的提升空间。

三、"一路一带"倡议下宁波纺织服装行业外向型发展研究

（一）项目研究的背景

1. 国内背景

"丝绸之路经济带"和"海上丝绸之路"将成为我国全方位开放格局建设的又一抓手。商务部部长高虎城指出，要推进"一带一路"建设，形成全方位开放新格局。推进丝绸之路经济带建设，要用好现有多双边经贸合作机制，明确重点合作领域和项目，提升贸易投资便利化水平，支持在有条件的国家设立境外经贸合作区，与更多的沿线国家探讨建设自贸区，促进经贸畅通。

李强在浙江省政府工作报告中指出，要着力提升浙江发展在全国的战略地位，积极参与"丝绸之路经济带"和"21世纪海上丝绸之路"的实施，大力推进宁波—舟山港一体化，积极推进全省沿海港口、义乌国际陆港的整合与建设，加强江海联运、海陆联运体系建设。另外，"义新欧"中欧班列运行常态化也将稳步推进。

根据"21世纪海上丝绸之路"的构想，宁波成为"桥头堡"和"新走廊"具有许多显著优势：复合型的区位优势；国际化的港口优势；全面开放的平台优势；面向东盟的经贸合作优势；走向东盟的历史人脉优势①。

2. 国际背景

"一带一路"沿线大多是新兴经济体和发展中国家，总人口约44亿，经济总量约21万亿美元，分别约占全球的63%和29%。这些国家普遍处于经济发展

---

① 五大优势：宁波"擎天柱"[J].宁波经济(财经视点),2014-10-10.

的上升期,开展互利合作的前景广阔。引导我国轻工、纺织、建材等传统优势产业和装备制造业走出去投资设厂,在更加贴近市场加工制造的同时,可以带动沿线国家产业升级和工业化水平提升[①]。

"一带一路"构想及其实践有利于将中国与沿线国家之间的政治互信、地缘毗邻和经济互补等优势转化为现实的利益格局和命运纽带,无疑将为中国和世界的发展注入强大动力。但在聚焦"一带一路"构想宏大的经贸合作前景时,也需要关注其面临的来自政治和安全领域的现实挑战与难题。一是"一带一路"建设将深入多个安全高风险地带。二是"一带一路"沿线不少国家存在政局不稳、政治腐败和法制不完善等政治风险。三是"一带一路"沿线国家文化形式多样且差异明显[②]。

随着中国成为世界第二大经济体,国际社会上"中国威胁论"的声音不绝于耳。"一带一路"的建设,正是中国在向世界各国释疑解惑,向世界宣告和平崛起:中国崛起不以损害别国的利益为代价。

(二) 项目研究的意义

在"一路一带"倡议下,宁波纺织服装行业面临着新的发展机遇。首先,宁波是丝绸之路的起点站,具有天然的地理优势。在"一路一带"倡议下,应该认真研究宁波纺织服装行业如何利用这些优势资源来缓解其成本压力。其次,宁波纺织服装行业在海上丝绸之路沿线国家有着良好的贸易和投资基础,如何利用"一路一带"建设来巩固和扩大这些优势对于振兴宁波纺织服装行业具有十分重要的意义。再次,在国内市场饱和与国内原材料与能源供应紧张的现实情况下,研究如何利用"一路一带"建设缓解宁波纺织服装行业的发展瓶颈具有十分重要的意义。但是同时,适应"一路一带"的"走出去"战略也面临着新的挑战,我们应当认真研究其给纺织服装企业"走出去"所带来的利弊。宁波纺织服装行业中小民营企业占有绝大多数,单个企业势单力薄,必须发挥集群优势,这样有一个强有力的组织机构进行组织与协调,这些都需要我们认真地研究。

---

① 管理要."一带一路"思路下对经济转型模式的思考企业[J].改革与管理,2014 年第 23 期.
② 崔洪建."一带一路"建设中的政治安全与海外利益保护[N].人民政协报,2014-10-13 第 008 版。

（三） 国内外相关研究与实践

1. 国内外相关研究

目前学术界主要在"一路一带"的内涵与战略意义、战略构想以及地方规划与实践的总结等方面展开研究。

在内涵与战略意义方面。孙志远（2014）认为"一带一路"合作倡议对我国的经济社会发展而言，至少包含经济、安全、人文三方面的内涵，这一战略构想的规划实施必将对我国经济可持续发展、社会团结稳定、对外科技人文交流产生重大而积极的影响。从经济转型升级角度看，"一带一路"为我国东部地区产业转移和过剩产能化解提供了广阔的战略迂回空间。东部地区受到污染治理、土地价格、劳动力成本等多重因素的影响，出口导向型经济发展已是强弩之末，低端制造业向我国中西部地区以及东南亚等劳动力成本优势明显的地区逐步转移已是大势所趋[①]。赵灵敏（2014）认为，"一带一路"对中国未来的发展至少有这么几方面的意义：一是中国以前的改革开放实际上是中国参与国际政治经济规则，让国际力量走进来，二是通过"一带一路"带动中西部的发展，三是确保中国能源供应的安全。高虎城（2014）认为，"一带一路"沿线大多是新兴经济体和发展中国家，这些国家普遍处于经济发展的上升期，开展互利合作的前景广阔。[②] 崔洪建（2014）认为，"一带一路"构想及其实践有利于将中国与沿线国家之间的政治互信、地缘毗邻和经济互补等优势转化为现实的利益格局和命运纽带，无疑将为中国和世界的发展注入强大动力。[③]

在战略构想方面。张莉（2014）认为"一带一路"建设需要关注几个问题：一是"一带一路"建设是倡议不是项目；二是战略布局的时空范围广、跨度大；三是战略设计要立足于现有基础和能力；四是战略推进要充分尊重沿线国家的意愿；五是战略安排要发挥市场决定作用；六是战略实施要考虑地缘政治经济格局。[④] 高虎城（2014）认为，推进 21 世纪海上丝绸之路建设，要加快推进海上通道互联

---

① 孙志远. "一带一路"战略构想的三重内涵[N]. 中国经济时报，2014-8-11（第 006 版）。

② 赵灵敏. "一带一路"与对外开放新模式[N]. 华夏时报，2014-9-22（第 032 版）。

③ 崔洪建. "一带一路"建设中的政治安全与海外利益保护[N]. 人民政协报，2014-10-13（第 008 版）。

④ 张莉. "一带一路"战略应关注的问题及实施路径[J]. 中国经贸导刊，2014-9（下）。

互通建设。推进落实与沿线国家的双边贸易投资协议,提高贸易投资便利化水平。建立健全区域经贸合作平台,拓展贸易投资合作领域,积极开展贸易投资促进活动,提升合作水平。林长青等(2014)认为,浙江要进一步增强大局意识、机遇意识、开放意识、合作意识,在国家战略总体布局中找准发展定位,以责无旁贷的责任感和时不我待的紧迫感,积极主动融入"一带一路"建设大局,促进浙江对内对外开放全面升级,努力打造对外开放新高地,在"一带一路"建设中发挥排头兵的作用,推动浙江科学发展、升级发展。① 陈玉荣(2014)认为,"一带一路"建设应分阶段实施,近期目标重点是道路、能源管线、电信、港口等基础设施共建和互联互通,提高贸易和投资便利化程度;中期目标是在条件成熟的国家和地区朝自由贸易区迈进,打造中国与东盟自贸区升级版,与中亚国家建立自贸区,将非洲东海岸和拉美地区环太平洋国家纳入合作机制;远期目标是建成覆盖中亚、南亚、西亚、欧洲、非洲、拉美国家的自由贸易区群,覆盖全球 100 多个国家。

2. 地方规划与实践

为融入"一带一路"建设战略部署,福建抢抓机遇,将历史优势、人文优势、经贸优势转化为"一带一路"建设的工作优势,统筹经贸与人文、官方与民间、"走出去"与"引进来",梳理生成、推动实施一批经贸与人文交流项目,以实现互利共赢、共同发展(石伟,2014)。② 广东按照优势互补、发展互促、共赢互利原则,支持企业赴沿线国家投资,推动现代农业、先进制造业、现代服务业、基础设施建设方面的深度合作。同时,引导企业实施当地化战略,充分发挥行业协会的行业自律和引导作用,塑造广东企业对外投资的良好形象,力争到 2020 年,广东与沿线国家产业双向投资超过 140 亿美元(徐少华,2014)。③ 黄志勇等(2014)以SWOT 分析法,对广西在全国新一轮开放中的优势、劣势、机遇、挑战等进行深入分析,提出广西推动"一带一路"建设的总体思路、战略路径、战略选择、战略组合和战略总杠杆,指出广西应不失时机地实施以开放为主导的跨越式发展战略,走开放主导后发跨越发展新路子,加快把广西建设成为中国西南中南地区开放发展新的战略支点、21 世纪海上丝绸之路新门户新枢纽、中国—东盟合作高地,

① 林长青,瞿涛,杨祖增."一带一路"建设与浙江发展新机遇[J].浙江经济,2014(22)。
② 石伟.福建:在"海上丝路"新起点起航[N].经济日报,2014-3-13(第 013 版)。
③ 徐少华.广东要争当贯彻推进"一带一路"战略的排头兵[J].新经济,2014(11).

形成海上丝绸之路与丝绸之路经济带有机衔接的重要门户。① 宁波经济 2014 年 10 月专栏,认为宁波应构筑 21 世纪海上丝绸之路"新走廊",要谋划布局一批打通内网、连接外线的重要项目:港航走廊、航空走廊、陆路走廊、信息走廊。②

目前国外对"一路一带"仅仅限于新闻报道,尚未发现直接或间接的研究。对纺织服装行业如何适应"一路一带"战略的研究目前还是空白。

（四） "一路一带"倡议对宁波纺织服装行业的影响：SWOT 格局的优化

1. 优势(S)

宁波纺织服装行业境外投资贸易的传统优势。①品牌优势较为明显,资金较为充沛。宁波纺织服装经过多年的发展,不但形成了雅戈尔、申洲等大型纺服企业集团,而且还形成了独具特色的知名的品牌。宁波服装品牌的最大特色是专业化,男装、女装、儿童、休闲、床上用品,具有各具特色的品牌。许多企业在海外已经有一定的产业基础(如申洲),而且形成了较为完整的产业链。②人力资源优势。宁波纺织服装产业经过多年的发展,已经形成了一批优秀的技术队伍和精明能干的企业家队伍,这支队伍经过长期的国际国内市场的锤炼。③体制机制优势。宁波纺织服装企业都是民营企业,体制灵活,市场应变能力和风险意识强,这是参与国际竞争的必不可少的条件。

"一路一带"将使宁波纺织服装行业优势得到加强。①产业集群优势方面,在沿线国家或地区建立纺织服装产业园,发挥域外产业集群优势。②专业市场优势方面,依托域外产业集群,建立专业的纺织服装贸易区,区内划分纺织原料、男装、女装等专区,使专业市场优势得到加强。③人才资源优势方面,在国内宁波服装行业面临人才外流以及劳动力成本连年上升的情况下,该优势有所减小,而"一路一带"沿线大多是发展中国家,劳动力廉价,可以维持宁波纺服行业劳动力成本优势。④体制机制优势方面,"一路一带"能使民营纺织服装企业抓住灵

---

① 黄志勇,颜洁.广西在全国新一轮开放中的 SWOT 分析及战略选择——兼论广西推动"一带一路"建设的总体思路[J].改革与战略,2014(11)。

② 五大优势:宁波"擎天柱"[J].宁波经济(财经视点),2014-10-10.

重点项目:打造"新走廊"[J].宁波经济(财经视点),2014-10-10.

专家解读:"一带一路"建设策略[J].宁波经济(财经视点),2014-10-10.

活的体制机制的优势,因为宁波纺服企业目前面临国内市场发展空间明显缩小的局面,这种体制机制优势能使其对"一路一带"作出迅速的反应,及时调整外向型发展的策略与方向。

2. 劣势(W)

宁波纺织服装行业境外投资贸易的传统劣势。①宁波是一个资源贫乏的地区,纺织品原材料和能源供应紧张,本地发展受到很大的资源制约。②品牌的国际影响力还很不够。一些品牌在国际上具有一定的知名度,如雅戈尔,但大多数品牌在国际上还排不上号。不少企业甚至只能走贴牌生产之路。③宁波纺织服装企业大多是中小规模企业,经营水平和抗风险能力较弱,难以抵御国际市场上的市场与政治变化的风险。④大多数纺织服装企业的创新能力不足。由于大部分企业规模较小,资金能力较弱,无力引进或研发先进的纺织服装生产技术,这使得纺织服装产品档次也较低。

"一路一带"将使宁波纺织服装行业的劣势有所消减。①缓解生产要素供给紧张局面:"一路一带"沿线许多国家都是重要的纺织服装原料产地,在沿线建立纺织服装生产基地可以就近利用廉价的原材料。②缓解自主品牌缺乏的劣势:宁波纺织服装品牌以中低档为主,许多小企业缺乏品牌。但是"一路一带"沿线国家大多是发展中国家,其国民消费水平正适合于中低档品牌的纺服产品,特别是国际金融危机的影响还在延续,西方发达国家原来消费高档纺织服装的消费者也转而消费中档为主,所以,宁波纺服企业积极参与"一路一带"战略有利于消减其品牌劣势。③缓解经营水平较弱的劣势:宁波纺服行业大多是中小规模,其参与"一路一带"的产业拓展,往往是以集群发展的方式,依赖于"一路一带"的物联网和贸易流,能大大增强其经营管理水平。④提升企业创新能力:创新能力不足是宁波纺服企业的劣势,通过参与"一路一带"的纺服产业拓展,可以使中小纺服企业在与国内外同行的竞争与合作中提升创新能力。

3. 机遇(O)

宁波纺织服装行业境外投资贸易的现实机遇。①世界经济在遭遇严重危机后缓慢复苏,许多国家政府为拉动经济复苏,欢迎中国企业在内的各国投资。②受金融危机影响,全球范围内许多优质企业经营出现困难,对外转让股权和引入战略投资者的意愿明显加强。③随着中国综合国力增强,国际地位和影响力大幅提高,许多国家重视与中国开展多领域合作。

"一路一带"建设将扩大了宁波纺服企业的发展机遇。①沿线国家消费潜力巨大:"一路一带"沿线国家人口占世界总人口的 65% 以上,衣着类是消费必需品,40 多亿人口的巨大消费潜力相对于国内 13 亿人口的消费潜力更为巨大。②沿线国家消费层次提升有助于纺服工业升级:"一路一带"沿线大都是新兴发展中国家,随着这些国家国民消费水平的不断提高,消费层次也不断提升,这有助于参与"一路一带"建设的宁波纺服企业的产品升级。③政策环境的进一步改善:为配合"一路一带"建设,国家有关部门制定了传统产业参与计划与政策扶持措施,这对宁波纺服企业是一个机遇。

4. 挑战(T)

宁波纺织服装行业境外投资贸易的现实挑战。①世界经济复苏乏力,境外所在的经济大环境不够理想。②保护主义有抬头趋势。③中国境外投资的许多项目分布在亚洲、非洲、拉美等发展中国家,一些国家的政策稳定性较差、生活条件不佳、基础设施薄弱、安全风险很高等。④外国文化环境和风俗习惯与我国有差异,在当地关系处理的难度也比较大,我们本身也存在着境外投资法规不够了解、企业实力不够强等问题。

"一带一路"建设将使宁波纺服企业更好地应对对外发展面临的挑战。①更好地应对海外投资的经济性与政治性风险:"一带一路"通过我国与沿线国家签订政治与经济互惠合作协议,大大降低了海外投资的政治、经济风险。②减少贸易壁垒与摩擦:"一路一带"推动"走出去"的资本输出政策,使得沿线国家中的中资企业本地化,起到了化解贸易壁垒与摩擦的作用。③减缓国内市场饱和导致的减员压力:"一路一带"建设以纺服产业资本输出分离宁波纺服产业的富余人才,使人才得以留住。

(五) "一路一带"倡议下宁波纺织
服装行业外向型发展的路径

1. 学习与共识

宁波整个纺服行业的决策者们应认真研究"一路一带"对宁波纺服行业的影响,分析其对本行业优势、劣势、机遇与挑战影响因素的变化,从而逐步达成参与纺服产业新的"走出去"战略。

（1）宁波纺服行业"走出去"在宁波市产业升级中的意义。宁波纺服行业"走出去"是全市产业升级的重点工程之一，要实现宁波"工业创业创新倍增计划"，宁波纺服行业就必须放眼国际市场，以国际视野来创新国际营销模式，提升创意设计水平，培养知名龙头企业开发国际服装品牌。[①]

（2）认清形势与虚心取经。目前中国纺织服装制造业海外转移已成大势所趋，其原因都和宁波差不多，及国内市场不振，出口困难，成本上升，内外棉价差别拉大等，使得单靠出口贸易无法摆脱纺服行业的生存困境，必须走出去到劳动力成本低、原材料便宜的国家或地区去建厂生产。[②]"一带一路"为纺服行业外向型发展提供了一个绝好的契机。"一带一路"沿线国家大多是发展劳动密集型产业的发展中国家，且市场广阔，发展潜力大，而且宁波市又有许多先行企业的经验教训可供借鉴，我们应认真总结这些先行企业的经验教训。

2. 经验与总结

在"一路一带"倡议之前，宁波许多纺服行业已经实施"走出去"战略，应认真总结其成功的经验与失败的教训，研究在新的形势下如何抓住机遇调整战略。

（1）立足于宁波本地经验的总结。例如，鄞州纺织服装企业已经形成以柬埔寨、越南、缅甸为重点的传统服装产业转移为主的东南亚市场，成为宁波纺服企业在"一带一路"沿线地区的亮点。应认真总结这一亮点地区的发展经验，特别是纺织服装企业在"走出去"过程中对当地政策、法律、文化的了解与适应，投资与合作方式的选择，优惠政策的争取，纺织服装传统产业抱团转移与协作等问题的经验，都是"走出去"过程中的首要问题，具有很强的总结意义[③]。在具体企业的经验总结上，申洲集团的经验值得认真总结学习：第一，申洲集团在越南建立的纵向一体化生产模式，坐拥低廉的水电及人工成本，以及当地的出口关税优惠，为其他纺织服装企业转型升级提供了宝贵的经验。第二，9年前申洲登陆港股，其"隐形广告"效应不仅招来了欧美投行入股，而且吸引了欧美服装大佬的眼球，耐克、阿迪达斯、彪马等大客户先后与申洲建立了合作关系，使得申

---

① 宁波纺织服装业时尚转身：突出创意，汇聚人才 http://news. xinhuanet. com/yzyd/local/
20141021/c_1112903251. htm。

② 中国纺织制造业海外转移成大势，2014 年 10 月 16 日，国际商报 http://finance. ce. cn/rolling/
201410/16/t20141016_3712646. shtml。

③ 借助海外市场转型升级鄞企"出海"揽商机："一带一路"搭舞台 http://nb. zjol. com. cn/system/
2015/04/08/020592637. shtml。

洲的面料工程研发能力和服装设计能力上了一个台阶①。对于许多中小纺织服装企业来说,申洲"走出去"的模式虽然难以复制,尤其是借助境外资本市场,企业本身需要有强大的实力基础,但是对于建立海外工厂的"走出去"战略,其他中小纺织服装企业则可以采取"抱团出海"来实现,当然这不仅需要各纺织服装企业统一的"走出去"意向,还需要纺织服装主管部门与行业协会的组织与协调。

（2）对宁波市外经验的借鉴。自习主席提出"一带一路"倡议以来,国内纺织服装行业借"一带一路"实现全球化布局已渐成趋势。到非洲种棉花,到东南亚、南亚设厂,铺设海外物流网络,中国纺织服装行业的全球产业链布局方兴未艾,许多成功企业的经验可供借鉴。以上海纺织集团为例,该集团利用优惠贷款与孟加拉国相关企业合作建设纺织加工园,充分利用该国廉价的劳动力和纺织原料。该集团在香港成立航运与国际贸易公司,大力投入自由驳船,租赁物流场所,大大提高了集团的纺织品流转效率,销售收入大增。② 上海纺织集团为我们提供了建立全球产业链的经验。又以绍兴龙聚纺织有限公司为例,该公司选择以成熟固定客户群的摩洛哥为基地,成立摩洛哥波菲特发展有限公司,在摩洛哥公司将国内半成品生产成成品后销往欧洲各地,以此达到降低市场成本与拓展欧洲市场的双重目标。目前龙聚已与欧洲的西班牙、法国等国主要客户建立了长期合作关系。龙聚的经验告诉我们,立足于一个有着良好资源与发展基础的基地,并以此拓展海外市场的思路非常重要,决策者一定要认真考察、权衡利弊、亲力亲为、着眼成员。③

3. 规划与融合

发挥行业协会的协调能力与纺服行业主管部门的行政能力,在"一路一带"总体框架下,制订宁波纺服行业的投资与贸易发展规划,该规划应与省内外纺织服装行业进行协调,以充分利用较强的集群优势参与国际竞争。

宁波"走出去"工作会议,着力拓展"一带一路"市场,纺织服装领域的市场开

---

① 借力海外资本"纺织巨头"上市 9 年实现百亿跨越 http://news.cnnb.com.cn/system/2015/03/20/008283570.shtml。

② 于巧凤.纺织业借"一带一路"实现全球化布局 2015-8-6 经济参考报 http://www.iffair.cn/news.asp?id=9655。

③ "龙聚纺织"境外投资拓展欧洲市场拓展海外需求,来源:中国纺织报数字报刊平台编辑:刘勇辉 2015 年 07 月 27 日 http://news.efu.com.cn/newsview-1122377-1.html。

发成为重要支柱。根据 2015 年全国商务工作会议精神,为落实"一带一路"规划,将在印尼、泰国、白俄罗斯、匈牙利、埃及等国进行产业园区建设,构建跨境产业链和产业合作平台。今年宁波"走出去"工作会议也明确了应以"一带一路"市场为重点,组织有投资合作意向的企业开展以中东欧和东南亚等"一带一路"沿线国家为重点的境外市场考察、项目洽谈和活动参与,引导有实力的企业在沿线建立生产基地、批发市场。宁波纺织服装企业应抓住这次机遇,巩固和拓展在沿线国家的基地,建立宁波人自己的纺织服装产业投资创业基地与纺织服装贸易城。①

整合宁波在"一带一路"沿线国家的资源与势力,带动更多的纺织服装企业"走出去"。在国家倡导、政策推动和市场商机的驱动下,今后会有更多的宁波纺织服装企业愿意"走出去",对此应充分发挥申洲集团等大型服装企业的龙头作用,建立境外经贸联络处。除申洲外,百隆、狮丹努等一大批纺织服装企业也已在柬埔寨、越南、泰国等国建成了各自的生产基地,可以说宁波纺织服装企业在东南亚已经形成了一定规模的集群优势,积累了不少的投资和贸易经验,所以其他"走出去"纺织服装企业(尤其是中小企业)应依托这些企业找到适合于自身企业的"走出去"路子。②

行业协会与主管部门应有"一带一路"倡议下纺织服装行业发展的长远规划。首先,应认真研究宁波纺织服装行业在国际市场面临的机遇与挑战,充分利用"一带一路"建设形成的有利条件、宁波独特的地理位置优势以及海外发展基础,统筹纺织服装行业发展的国内国际两种资源,建立跨国产业链,重新布局我市纺织服装产业,这是第一步。第二步,借助对外投资、技术合作、营销创新来打造一批高端纺织服装跨国公司,让更多的宁波纺织服装企业成为申洲集团一样的强大的跨国公司。③

4. 行动与保障

一方面,按照整体规划统一行动,整合各方力量将发展规划付诸实施,另一

① "一带一路"成为甬企境外投资新热点:"一带一路"今年将成对外投资重点 http://city.ifeng.com/a/20150210/417968_0.shtml。

② "一带一路"成为甬企境外投资新热点:海外投资谋求"双赢"http://city.ifeng.com/a/20150210/417968_0.shtml。

③ 纺织工业境外投资面临机遇与挑战:纺织业境外投资"四个要",世界服装鞋帽网 http://www.sjfzxm.com/news/hangye/20130722/351223_2.html。

方面,在行动中遇到的困难反馈给政府有关部门以制订和完善相关的应对政策,或与相关国家进行政府层面的接触与协调。

充分发挥服务型政府的角色,政府职能部门应充当纺织服装企业"走出去"后援团。如鄞州区为企业提供海外投资保险补助,搭建各类境外投资平台,每年不定期举办各类境外投资合作推介会或说明会。结合鄞州区纺织服装产业现状,政府引导企业利用东南亚国家的优惠政策、劳动力成本等优势,鼓励中小纺织服装企业抱团转移,并出台了一系列政策举措。① 此外,应简化纺织服装企业"走出去"的审批流程,如减少限额以上境外投资项目申报环节,简化大型境外投资项目的登记程序,为纺织服装企业"走出去"建立绿色通道。

鼓励支持纺织服装行业协会、商会发挥企业"走出去"的促进作用。宁波纺织服装行业协会与商会应在信息支持、组织协调、事务参谋等方面发挥应有的作用,尤其是信息支持非常重要,应充分调动"走出去"先行企业的积极性,鼓励它们毫无保留地提供"一带一路"沿线国家与贸易、投资有关的信息,行业协会和商会可通过举办各类贸易投资论坛或研讨会,充分交流和共享这方面的信息。政府在举办这方面论坛或研讨会时,应更多地发挥纺织服装协会或商会的主导作用,尤其是更多地听取海外商会的信息和意见。

为"走出去"企业提供金融等支持政策。首先,中国进出口银行应完善适应"一带一路"建设的境外投资信贷机制,宁波纺织服装企业在资金短缺时应争取在这方面出口信贷的优惠。其次,配合"一带一路"战略的实施,中国银行等大型国有商业银行境外分支机构应加强对"一带一路"沿线项目的金融支持,宁波纺织服装企业应与投资地中资银行分支机构建立良好的金融合作关系。再次,中国出口信贷保险公司应配合"一带一路"战略提供沿线国家重点中资项目的风险评估机制,如提供投资咨询、风险评估、风险控制及投资保险等境外投资风险保障业务,并给予服务费率的优惠。宁波市纺织服装企业在"一带一路"沿线国家开展贸易投资过程中,应充分发挥出口信贷保险公司的投资风险综合分析作用,与之建立良好的沟通与合作机制。②

用好我国与"一带一路"沿线国家签订的多双边自由贸易协定和投资保护协定,充分发挥这些协定和协议的在纺织服装投资贸易项目建设中的税收优惠、土

---

① 借助海外市场转型升级鄞企"出海"揽商机:政府"后援团"力挺 http://nb.zjol.com.cn/system/2015/04/08/020592637.shtml。

② 纺织工业境外投资面临机遇与挑战:"走出去"的政策措施,世界服装鞋帽网 http://www.sjfzxm.com/news/hangye/20130722/351223_2.html。

地使用权优惠、劳动用工以及安全保障的作用。①

（六）"一路一带"倡议下宁波纺织服装
行业外向型发展的保障机制

构建"一带一路"倡议下宁波纺织服装行业外向型发展的保障机制,是为了在实施路径的指引下,有序推进"一带一路"倡议下宁波纺服行业外向型发展。

1. 组织与行政保障机制

拓展行业组织的功能,再造行政部门的能力。在"一带一路"倡议下纺服行业协会应拓展其信息支持、组织协调功能,行政主管部门应再造适应纺织服装企业"走出去"战略的行政服务能力,这样才能发挥商务行政部门、纺织服装协会的引领与指导作用。

强化行业协会与行业主管部门的权威性。宁波纺织服装行业中小民营企业占有绝大多数的现实决定了对外投资必须依靠集群优势,而集群优势的发挥又有助于行业组织与主管部门的协调与决策。行业协会与行业主管部门应切实担负起统筹协调、指导服务和督促检查的责任,及时协调处理重大事项,形成责任明确、运转协调、高效有序的工作机制。

集思广益,制订好"一带一路"倡议下的贸易与投资规划。该规划应与国家总体规划和其他地区纺服行业总体规划相协调;该规划应是在现有对外贸易与投资基础上的可行性规划;该规划应体现行业内各纺织服装企业的共识,坚持利益均沾、风险共担、协调行动等原则;该规划应是动态的,根据新的形势发展可以修订,修订程序也应体现民主化。

2. 政策与法律保障机制

政策激励。"一带一路"是一种长期规划,对参与者在短期内可能面临巨额的投入负担,尤其对目前处于困难局面的宁波纺织服装行业,应享有足够优惠的税收、信贷、外贸、外汇结算、人才等政策,才能激发其参与的积极性。首先,针对"一带一路"沿线国家对纺织品的特殊需求,政府应采取降低企业所得税、提供低

---

① 纺织工业境外投资面临机遇与挑战:纺织业境外投资"四个要",世界服装鞋帽网 http://www.sjfzxm.com/news/hangye/20130722/351223_2.html。

息贷款或无息贷款等优惠政策的形式,激励纺织企业进行有针对性的自主创新,以提升纺织服装产品的国际竞争力。其次,利用税收优惠、财政补贴等措施,调动纺织企业和纺织类高校大力培养适应"一带一路"倡议下的纺织服装行业人才,尤其是纺织基础研究类人才、生产类人才、设计开发类人才以及管理营销类人才等四类人才的培养,以从根本上提升宁波纺织服装行业的创新能力。

法律保障。对于宁波纺织服装企业有对外投资意向的国家,政府应着手与这些国家商签合作协议,包括双边投资保障协定、避免双重征税协定、产业合作协定等,并赋予这些协定以法律制度保障。为避免"绿色贸易"壁垒造成的损失,应针对"一带一路"战略对出口纺织品新的环保要求,修订我国纺织品环保标准,并加强对绿色环保标准的监控。

3. 风险识别与防范机制

树立风险意识,自觉化解风险。"一带一路"建设一方面有利于中国与沿线国家的经济互补与政治互信,但由于沿线国家多安全高风险地带,不少国家政局不稳、政治腐败、法制不完善、文化差异明显等因素,导致对外贸易与投资所带来的一系列经济与政治性风险,所以应通认真研究投资地的风险因素,参与者应享受优惠的政策或商业性保险,加强与沿线国家的经济与政治关系,在出现危机时通过必要的政府间外交行动予以化解。应建立"一带一路"沿线国家的纺织品贸易与投资的预警机制,该机制应包括对纺织品贸易与投资环境的实时跟踪与监测,预警指标的制订与发布,投资贸易的风险提示与预防建议等。

构建对外贸易与投资的信息交流与协调行动机制。参与"一带一路"建设的宁波市纺织服装企业应建立对外贸易与投资的信息交流中心,以共享投资与贸易过程中的信息,根据信息资料认真研究有利的条件所带来的商业机遇并共同分享,或不利条件所带来的共同挑战并协调行动予以共同防范。

4. 纺织品绿色贸易壁垒应对机制

首先,纺织服装行业协会应及时了解"一带一路"沿线国家纺织品绿色环保动态,针对国际市场业务的要求,建立定向的信息采集,为宁波市纺织服装企业提供应对绿色贸易壁垒的原料、产品、技术装备和价格等方面的信息[1]。其次,

---

[1]　刘霞玲,罗俊杰.纺织企业节能减排支持技术体系及运行机制研究——以浙江为例[J].中南林业科技大学学报(社会科学版),2013(6):32-36。

纺织行业协会、商会应在在商务部门支持下,会同环保、科技等部门完善纺织品绿色环保标准体系,并建立纺织品环保监测机制,不定期地对重点纺织品的环保指数进行监测。再次,政府应建立纺织品环保监测实验室,为确保宁波纺织品出口"一带一路"国家的环保标准服务。在这方面应借鉴泉州市的经验,建立纺织品环保监测实验室,保障科学公正、准确高效地监测纺织品的绿色环保标准[1]。

---

[1] 刘倩. 融入一带一路纺织品监测实验室为外贸护航[N]. 泉州晚报,2015-06-16。

四、奉化区域服装产业发展研究

　　服装产业是奉化区传统优势产业，是宁波纺织服装产业重要组成部分和全国的重要服装产业集群。作为曾创立了中国服装业五个第一（即制作了第一套中山服、第一套西服，开设了第一家服装店、第一家服装学校，编撰了第一部服装专著）且以"红帮文化"发源地在业界拥享盛誉的奉化，自20世纪70年代末中国改革开放时起，现代服装产业秉承"红帮裁缝"的工匠精神，从兴起、成长、辉煌到转型一路铿锵走来，其产业规模和地位、经济贡献、提供就业及社会影响力，在奉化区经济发展中有着举足轻重的地位和作用。奉化服装产业一度被国家纺织部列为49个全国重点服装城市之一，被国务院发展研究中心授予"中国服装之乡"。

　　近年来，世界经济变化和国际产业调整，国际市场需求持续低迷，国内宏观经济减速换档、国内消费升级变革、要素成本持续攀升，科技变革不断创新。在复杂国际国内发展环境下，经历了若干年的快速发展，中国纺织服装行业由高速增长换档减速，奉化服装产业亦跨入发展新格局，步入产业升级和创新发展的重要窗口期。奉化区政府高度重视服装产业可持续发展，为了进一步推进奉化服装产业科学地高质量地转型升级，为了更好地引导奉化区服装产业向时尚、创新、智能方向转型升级，构建以时尚发展为引领，以技术创新为动力，以智能制造为基础，以平台运营为载体的服装产业集群，进一步提升奉化区服装产业竞争力，受奉化经济和信息化局委托，浙江纺织服装职业技术学院课题研究组通过发放调查问卷、实地走访全区域内代表性企业、典型企业高端访谈、召开工业主管负责人交流会、行业专家与企业家交流会等等方式，在实证调查研究基础上，课题研究组对采集数据进行比对、分析，对企业反馈的问题进行归纳、梳理、诊断，厘清发展面临挑战和压力，把握重要的机遇，提出产业发展建议。

（一）奉化区服装产业基本面分析

1. 产业地位和规模——规模以上企业约占二成，工业总产值、出口交货值近全区规模以上工业十分之一

以"红帮裁缝"发祥地闻名遐迩的奉化，服装业是特色优势产业。自20世纪70年代末，承借改革开放的春风，凭借优良的产业基因，秉承"红帮裁缝"的精湛技艺，一批服装企业自创性形成。经过30多年的成长与发展，崛起了一大批著名的服装企业和品牌，形成了比较扎实的产业发展基础，是奉化区的传统优势产业、创汇产业、致富产业及民生就业产业，是宁波纺织服装产业的重要组成部分，是我国重要的服装生产、加工出口基地。

根据奉化区统计局数据，2016年奉化区规模以上纺织服装企业共80家，占奉化区全部规模以上企业的18.31%，奉化区规模以上纺织工业从业人员19 577人，占奉化区全部规模以上企业的23.97%，主要集中在纺织服装、服饰业；规模以上纺织服装企业工业总产值50.48亿元，占奉化区的9.22%；出口交货值11.56亿元，占奉化区的10.13%。上述系列数据表明，纺织服装产业在奉化区工业经济中的重要地位，对社会经济贡献明显。规模以上纺织工业分行业基本情况如下表。

表1-1　2016年奉化区纺织服装产业基本情况及对奉化区工业贡献统计分析

指　标	奉化区纺织工业	占奉化区全部规上企业的比重（%）
企业单位数（家）	80	18.31
其中：纺织业	12	
纺织服装、服饰业	67	
化学纤维制造业	1	
全部从业人员平均数（人）	19 577	23.97
其中：纺织业	1 329	
纺织服装、服饰业	18 113	
化学纤维制造业	135	
企业平均人数	245	

（续表）

指 标	奉化区纺织工业	占奉化区全部规上企业的比重（%）
工业总产值（亿元）	50.48	9.22
工业销售产值（亿元）	48.93	9.10
出口交货值（亿元）	11.56	10.13

资料来源：根据奉化区、宁波市统计局。

2016 年奉化区规模以上纺织服装企业数占宁波市 8.83%；从业人员占宁波市 8.56%；工业总产值占宁波市 4.19%；出口交货值仅占宁波市的 2.8%。

表 1-2　2016 年奉化区与宁波市规模以上纺织服装产业主要经济指标比较

项　目	宁波市	奉化区	奉化区占宁波市比重（%）
企业数（家）	906	80	8.83
工业总产值（亿元）	1 206.81	50.48	4.18
工业销售产值（亿元）	1 168.38	48.93	4.19
利税总额（亿元）	101.51	2.3	2.27
出口交货值（亿元）	413.40	11.56	2.80
资产规模（亿元）	1 299.49	55.97	4.31
全部从业人员平均数（人）	228 832	19 577	8.56

资料来源：由奉化区、宁波市统计局。

表 1-3　2015 年服装业主营业务收入超亿元企业

序号	单位名称	法人代表	排名
1	宁波罗蒙制衣有限公司	盛静生	5
2	奉化市爱伊美服饰有限公司	傅志存	18
3	宁波艾盛服饰有限公司	张 磊	32
4	宁波市新利和毛条有限公司	陈松叶	36
5	宁波辉格休闲用品有限公司	王晓娟	41
6	宁波丹盈服饰有限公司	周建平	46
7	宁波丘盛服饰有限公司	王 蓓	50

序号	单位名称	法人代表	排名
8	宁波大通制衣有限公司	陈云升	52
9	宁波长隆制衣有限公司	竺建明	57
10	奉化市五州服装有限公司	唐立三	64
11	奉化市千虹服饰有限公司	王彩波	67

2. 行业结构——纺织服装、服饰业统领产业

纺织服装是一个具有绵长产业链的产业。宁波的纺织服装产业已涵盖化学纤维、棉纺织、毛纺织、印染、针织、色织、丝绸、麻纺、服装、家用纺织品、产业用纺织品、纺织机械器材等各大行业。从国家统计口径分类角度来看,纺织服装产业包括纺织业,纺织服装、服饰业,化学纤维制造业三大行业。奉化区纺织服装产业结构为:纺织业占比 13.22%,纺织服装、服饰业占比 85%,化学纤维制造业 1.59%。纺织服装、服饰业行业统领奉化纺织服装产业,在宁波纺织服装产业链中以纺织服装、服饰业特色立足。

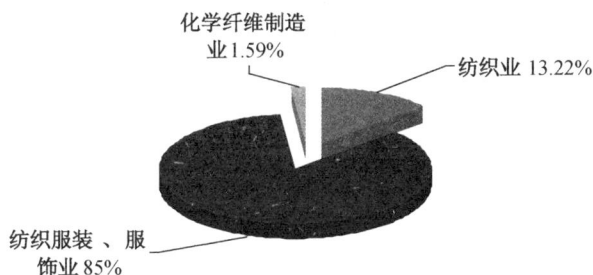

图 1-1　奉化区纺织服装产业行业结构示意图

3. 产业空间布局——全区域分布,乡镇是主要集聚区

目前,奉化服装产业布局几乎全区域覆盖。据不完全统计,全区共有大中小企业 400 多家(不包括微小作坊类企业)。产业核心集聚区在主城区的岳林、锦屏、江口街区,溪口镇、萧王庙镇、裘村镇和莼湖镇也是服装企业的主要集聚地。规模以上企业则主要分布在岳林街道、莼湖镇、裘村镇、开发区、萧王庙镇、西坞镇、溪口镇等区域。全区规模以上服装企业数比重达 18%。

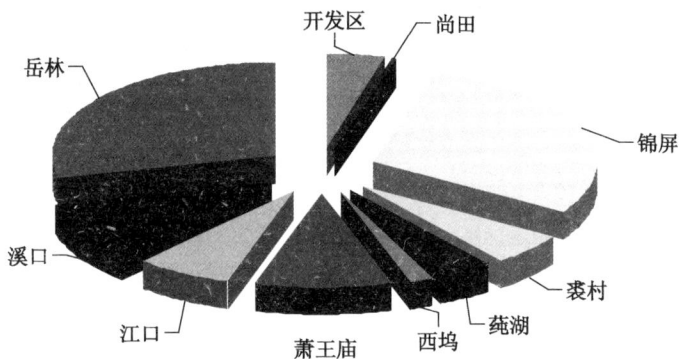

图 1-2　奉化区纺织服装产业空间分布结构示意图

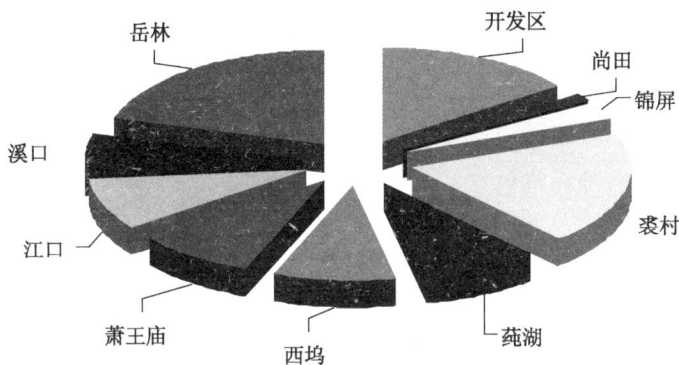

图 1-3　奉化区规模以上服装企业空间分布结构示意图

4. 产业结构——民营一统、品种渐丰，业务形态多样

从课题组对回收的全区服装企业问卷调查的 163 份有效问卷分析来看，奉化服装产业可以是说民营经济的天下，企业性质几乎全部是私营。民营经济非常活跃，机制比较灵活，适应市场的生命力比较强。从企业结构来看，大、中、小企业共存，规模以上企业在产业中的比例约为 18％，中小企业众多；业务呈现制造、贴牌加工、自主品牌经营多种形态，制造和贴牌加工业务仍为主要形态。全区产业体系表现为民营经济为统、企业规模上中小企业居多，业务形态上制造和贴牌加工为主。

表1-4 奉化区服装企业性质问卷统计分析

企业性质		
性质	数量（家）	数量（家）
私营	163	163
国有	0	0

表1-5 奉化区服装企业业务形态问卷统计分析

业务形态		
经营形态	数量（家）	比例（%）
OEM（贴牌加工生产）	121	74.2
ODM（自主设计制造）	14	8.6
OBM（自主品牌）	6	3.7
其他	2	1.2

从经营服装品种来看,奉化区服装产业生产制造产品有西服、衬衫、针织服装、羊毛羊绒服装、童装、运动装、牛仔服、休闲服、女装等多品种,其中西服、衬衫生产制造是主要产品。近年来运动装、休闲装、童装、女装品种开发向好。

表1-6 奉化区企业生产经营产品问卷统计分析

产品种类	占全产业比重（%）	产品种类	占全产业比重（%）
梭织服装	63	休闲装	38
针织服装	37	运动装	31
男装	73	职业装	27
女装	17	童装	26
西装	53	家纺	0.9
衬衣	41	其他（服装面料水洗加工；洗衣网、围裙加工）	0.05

5. 市场状况——外销市场走弱,内销市场约占七成

2013—2016年,奉化区纺织服装产值规模变化不大。从销售结构看,2016年奉化区规模以上纺织工业主要为纺织服装、服饰业,占工业销售产值的85%。纺织工业共实现销售产值48.93亿元,其中实现内销产值37.37亿元,内销产值

占销售总产值 76.38%;内销比重较 2015 年增加。内销比重高于宁波全市纺织服装行业 11.76%。

外销产品主要销往日本、美国等 100 多个国家和地区。

表 1-7　2013—2016 年奉化区规模以上纺织服装企业产值和出口比较

项目	2013 年	2014 年	2015 年	2016 年	
	数值(亿元)	数值(亿元)	数值(亿元)	数值(亿元)	同比±(%)
工业总产值	53.85	51.06	50.44	50.48	−5.43
工业销售产值	52.04	49.48	48.81	48.93	−5.49
出口交货值	16.24	16.44	15.39	11.56	−25.32

资料来源:奉化区统计局。

表 1-8　2016 年奉化区、宁波市规模以上纺织工业分行业销售结构比较

项　目	奉化区			宁波市内销占工业销售产值比例(%)
	工业销售产值(亿元)	内销产值(亿元)	内销占销售产值比例(%)	
纺织业	6.72	5.62	83.61	79.23
纺织服装、服饰业	41.51	31.37	75.57	50.34
化学纤维制造业	0.69	0.38	54.49	92.64
合计	48.93	37.37	76.38	64.62

资料来源:由奉化区、宁波市统计局。

在品牌建设方面,产业内品牌结构呈现:少数大企业拥有国内名牌,中小企业以加工生产为主无品牌居多,国际品牌仍是空白的格局。奉化区拥有服装行业自主品牌 40 多个,其中有 3 个中国驰名商标,3 个中国名牌产品,已涌现出罗蒙、爱伊美、老 K 等一大批享誉国内乃至国际市场的知名男装品牌。

表 1-9　奉化区获"中国名牌"的纺织服装产品

序号	产品名称	商标	生产企业
1	罗蒙男西服套装	罗蒙	罗蒙集团股份有限公司
2	罗蒙衬衫	罗蒙	罗蒙集团股份有限公司
3	爱伊美牌羊绒大衣	爱伊美	奉化区爱伊美服饰有限公司

数据来源:宁波市质量监督局。

表 1-10 奉化区浙江名牌宁波纺织服装品牌统计

序号	名牌产品名称	企业名称	商标	获名牌时间
1	服装	罗蒙集团股份有限公司	ROMON 羅蒙	2015 年 12 月
2	西服、西服套装	罗蒙集团股份有限公司	ROMON 羅蒙	2014 年 12 月

数据来源:宁波市质量技术监督局。

在 2011 年宁波市举行的"十五年来市民最喜爱的 15 个宁波服装品牌"评选活动中,罗蒙、Steve&Vivian 入选本土品牌受市民追捧品牌,罗蒙位列第二名。

表 1-11 十五年来市民最喜爱的 15 个宁波服装品牌

序号	品牌名称	排序
1	罗蒙	2
2	Steve & Vivian	15

2016 年 1 月 5 日揭晓的中国服装网络盛典评选结果,"罗蒙"入选"十大男装品牌"。2017 年 1 月 5 日工业和信息化部公布"2016 年重点跟踪培育服装家纺自主品牌企业"名单,罗蒙集团股份有限公司与宁波 8 家纺织服装企业同时入选。

(二) 奉化区服装产业特点

1. 产业基因优良,服装文化积淀深厚

奉化区是著名的"红帮裁缝"的发源地。"红帮裁缝"的创新、海纳百川、吐故纳新的创业精神,精工细作的"工匠精神"是产业的传承的优良基因。经过近四十年的发展,产业基因传承并发扬,产业服装文化积淀深厚。调查统计数据显示,2000 年以前创立的有 124 家企业,2000 年至 2010 年创立的有 32 家,2010 年以后有 12 家。企业成活时间的长短一方面显示出其经营能力强弱,同时也能判断企业所处的运营生命周期。上述数据一定意义上表明:奉化服装企业完成了原始积累,产业基础扎实,经营进入成熟期生命阶段,企业生命力较强,具有较丰富的市场经验和抗风险能力。相较于国内其他区域服装企业在 2005—2008 年、2013—2015 年两波惨烈的行业洗牌波动中较多地破产倒闭,奉化服装企业未出现大面积倒闭,除了奉化企业家具有商人敏锐眼光,其深层次原因

不能不说是优良产业基因与精湛工艺技术使奉化服装业具有不可比拟的功力，深厚的服装文化内涵导引着企业家们思维创新，以变革的谋略适应市场变化，挺立潮头。

2."两化"融合较深入，制造水平领先

宁波是全国较早提出建设智慧城市的地区，在信息化与工业化融合取得了一些良好的成绩。奉化区服装业普遍实现办公系统的信息化，在生产经营中企业基本都应用了 CAD、CAM、服装吊挂系统、自动裁剪设备等技术；规模以上企业普遍应用供应链管理（SCM）、生产过程管理（MES）、产品生命周期管理（PLM）、业务流程管理系统（BMPS）等信息化管理技术；先进控制技术在骨干企业中应用普及率达到 85％以上，ERP 信息管理系统与一系列在线监控方式的广泛使用，向互联网＋服装业转变。一些企业正在逐步将信息技术延伸，利用大数据进行市场分析，将服装设计、工艺数据、生产管理的信息化管理系统实现整合，加快了产品设计步伐，增强了快速反应能力。

在生产制造环节，奉化区服装业大力引进先进设备，进行设备的智能化改造，区内规模以上服装企业 80％以上装备达到国内先进水平，中小服装企业也加大投入，改造技术。全产业的企业设备的更新率在全国属于领先水平。例如，罗蒙公司投入巨资不仅完成了 100 万套西装生产线改造工程，还从意大利、德国、日本、法国等国家引进整烫设备以及自动扎驳机、副扎辅助制造系统等关键生产设备，整个服装制作工序完成了现代化设备技术改造，制造水平全国领先。2015 年罗蒙集团股份有限公司入选中国制造企业 500 强榜单。

生产自动化和智能化积极推进，智能化装备提升效率。例如，宁波圣瑞思公司设计研制的智能服装挂吊系统，设备从布片开始，每做一道工序都会通过设备送到下一个工位，直到最后成品出来。这套智能新设备能直接将工作物料投放到工，改变了过去工人在流水线上完成一包衣料的工作之后要再跑到仓库拿一包过来的工作流程，提高 30％左右的生产效率。

近年来，产品技术研发已逐步发展为企业核心竞争力，在政策的引导和鼓励下，企业不断增加研发投入，技术改造速度加快，装备现代化和自动化水平明显提升，实现了龙头企业技术领先，带动周边企业共同发展的技术导向新模式，为产业核心竞争力和持续创新发展能力的建设提供了保障。

2016 年浙江省经济和信息化委员会在参照国家工信部发布的《区域两化融合发展水平评估指标体系和评估办法》基础上，对全省 11 个设市区和 97 个县

（市、区、功能区）的"两化"融合发展水平进行调查评估，发布了《2016 年浙江省区域两化融合发展水平评估报告》。根据报告显示，宁波市"两化"融合发展水平总指数为 85.84，居全省第二位。全省 97 个县级地区总体分为四类，奉化区进入全省二类地区，"两化"融合发展水平总指数为 69.94。

3. 转型升级显效，产业竞争力较强

在国际金融危机之前，奉化区服装产品 80％出口国外。当服装订单量大幅下滑，服装企业的生存和发展面临巨大挑战时，奉化市政府部门以财政贴息等奖励办法，千方百计鼓励服装企业进行转型升级。在奉化区服装转型升级过程中，外贸发展模式转型明显。一些服装企业逐渐从外贸依赖度高的"奉化制造"向拥有自主品牌的"奉化创造"转变。外贸出口加工企业实现了三个转变：由单一的贴牌生产向品牌出口的转型；由单一市场向多元化市场的转型；由要素驱动向创新驱动的转型。

4. 产品特色明显，结构调整优化

奉化区服装产业生产制造产品有西服、衬衫、针织服装、羊毛羊绒服装、童装、运动装、牛仔服、休闲服、女装等多品种，其中西服、衬衫生产制造是主要产品。男装衬衫、西服等品类产品在全国市场具有名优特色。

随着消费升级，服装需求趋向多元化、个性化、时尚化，男装一枝独秀的产品模式难以适应市场变化，产品结构调整是产业转型升级的必然之举。早在 2008 年前后，奉化服装开始产品多元化发展。擅长做"经典西服"的罗蒙集团，在收购英国喜丽美狮公司后，重点开发带有运动风格的时尚品牌；宁波长隆集团推出的"莱迪尚"童装品牌；以外贸加工为主的"大盛服饰"与日本一家公司合作推出童装自主品牌，老 K 服饰开创童装订制……奉化服装从原来的西服"一枝独秀"发展到西服、运动休闲装、童装、女装等多品种并举的态势，产品结构趋向优化。

（三）压力与存在问题

1. 服装产业经济增长压力较大

在经济"新常态"大背景下，面对经济减速调整、国际需求持续低迷、国内消

费升级变革、综合成本持续攀升、环保任务艰巨等因素影响,纺织服装产业主要经济指标在下降通道运行。

表 3-1　2013—2016 年奉化区规模以上纺织服装企业主要经济指标及同比

（亿元）

	2013 年	2014 年	2015 年	2016 年
工业生产总值	53.86	51.06	50.44	50.48
出口交货值	16.24	16.44	15.39	11.56
利税总额	3.18	3.24	3.37	2.3

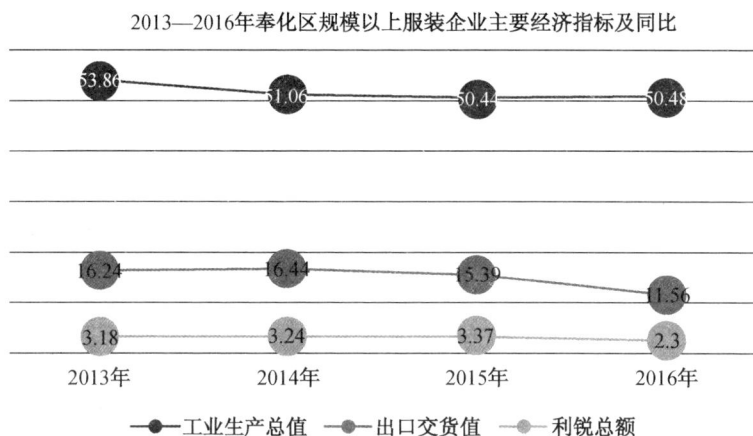

图 3-1　2013—2016 年奉化区规模以上纺织服装企业主要经济指标示意图

从奉化区服装产业规模以上企业工业总产值、利税总额、出口交货值数据来看,三大经济指标仍在下降通道中徘徊。在宏观经济减速期,供给侧改革以及国际经济向好不明确的大环境下,服装产业经济增长重回上升通道则尚待时日,纺织服装产业发展压力较大。

2. 整体盈利能力较弱

纺织服装产业属于劳动密集型产业,近年来,随着土地、原材料、资金、劳动力等各种成本的上涨,纺织服装产业经营业绩下降,收益减少,主要经济指标均大幅下降。从企业来看,出口大幅下降,部分企业甚至到了举步维艰的地步。

　　亏损面较大。从企业获利角度分析,2016 年奉化区纺织服装业规模以上亏损企业 26 家,亏损面 33%,亏损面高于宁波市平均水平(22%)。

表 3-2　2016 年奉化区、宁波市规上纺织工业亏损情况

指标名称	纺织业		纺织服装、服饰业		化学纤维制造业		合计	
	奉化区	宁波市	奉化区	宁波市	奉化区	宁波市	奉化区	宁波市
企业单位数(户)	12	273	67	566	1	67	80	906
亏损企业数(户)	4	53	22	123	0	25	26	201
亏损面(%)	33	19	33	22		37	33	22

资料来源:宁波市统计局、奉化区统计局。

表 3-3　2015 年全国分行业及主要省份规模以上纺织服装产业亏损情况比较

指标名称	全　国				主要省份			
	纺织业	纺织服装、服饰业	化学纤维制造业	合计	浙江省	江苏省	山东省	广东省
企业单位数(户)	20 525	15 585	1 926	38 744	8 320	8 166	4 142	4 473
亏损企业数(户)	2 205	1 725	383	4 411	1 081	1 130	298	557
亏损面(%)	10.74	11.07	19.89	11.38	12.99	13.84	7.19	12.45
亏损企业亏损金额(万元)	941 852	503 221	396 284	1 925 405	323 959	378 110	186 358	180 211

资料来源:中国纺织工业发展报告。

　　获利能力下降。从纺织服装产业盈利能力分析,剔除规模小的化学纤维制造业,各项获利能力指标与宁波市纺织服装业均有很大差异,奉化区纺织产业盈利能力整体较弱。如体现自有资金获利能力的净资产利润率,奉化区纺织产业只有 1.93%,低于宁波平均水平(11.09%)。需开源节流,进一步提升企业盈利能力。为方便统计计算,以下指标计算时利润采用利润总额指标。

表 3-4　2016 年奉化区、宁波市规模以上纺织工业分行业获利指标比较

指标名称	纺织业		纺织服装、服饰业		化学纤维制造业		合计	
	奉化区	宁波市	奉化区	宁波市	奉化区	宁波市	奉化区	宁波市
主营业务利润率(%)	1.78	7.09	0.52	5.62	4.46	0.35	0.75	5.49
总资产利润率(%)	1.98	6.09	0.45	5.29	4.30	0.35	0.66	5.05
净资产利润率(%)	7.85	12.45	1.27	11.03	8.93	1.62	1.93	11.09

资料来源：奉化区统计、宁波市统计局。

表 3-5　2015 年全国分行业及主要省份规模以上纺织服装产业获利指标比较

指标名称	全　国				主要省份			
	纺织业	纺织服装、服饰业	化学纤维制造业	合计	浙江省	江苏省	山东省	广东省
主营业务利润率(%)	5.40	5.92	4.30	5.46	5.07	5.64	5.39	4.60
总资产利润率(%)	8.88	10.02	4.63	8.53	5.41	8.43	12.46	8.89
净资产利润率(%)	18.58	19.12	11.82	17.85	13.52	18.96	23.19	18.71

资料来源：中国纺织工业发展报告。

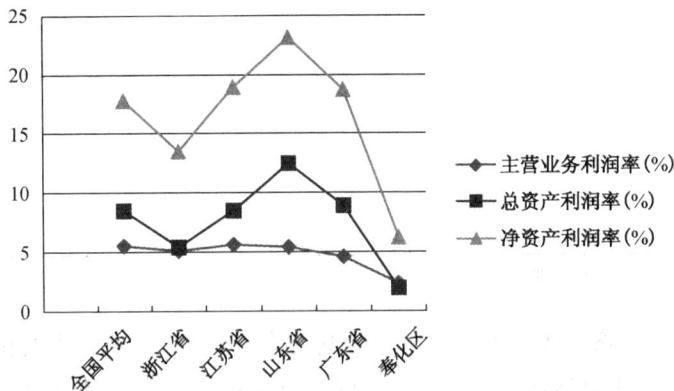

图 3-2　奉化区纺织服装业获利指标与全国平均及主要省份比较

进一步分析获利情况看出，2015 年奉化区纺织产业总体毛利率 15.8%，细分行业分别为 9.9%、16.69%、16.81%，毛利率高于全国及主要省份，可见产

品附加值较高。而奉化区纺织产业总体"三费"比率（销售费用、管理费用、财务费用占收入的比重）为 12.91%，细分行业分别为 9.45%、13.5%、10.19%，远高于全国及主要省份。利润的提升主要是费用的控制。

表 3-6　2015 年全国分行业及主要省份规模以上纺织工业获利指标比较

指标名称	全　　国				主要省份			
	纺织业	纺织服装、服饰业	化学纤维制造业	合计	浙江省	江苏省	山东省	广东省
毛利率	10.84	14.35	9.47	11.87	11.58	11.94	10.30	12.60
"三费"比率	5.12	8.11	5.61	6.17	6.69	6.16	4.37	7.62

资料来源：中国纺织工业发展报告。

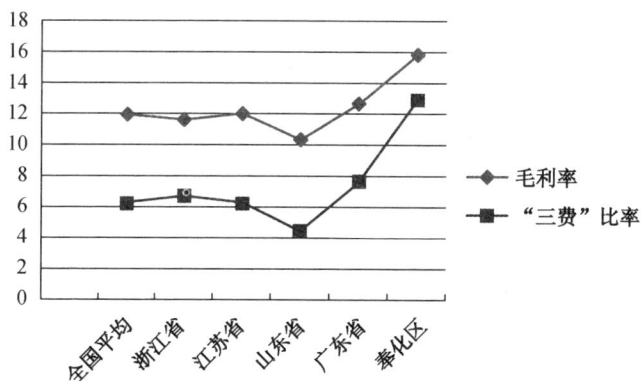

3-3　奉化区纺织服装产业获利指标与全国平均及主要省份比较

资产运营效率较低。分析 2016 年奉化区纺织产业资产经营效率指标，存货周转率、总资产周转率较低，表明企业资产运营能力有待进一步改善。需加快商品的流转减少库存，提高资产使用效率。

表 3-7　2016 年奉化区、宁波市规模以上纺织工业分行业运营指标比较

指标名称	纺织业		纺织服装、服饰业		化学纤维制造业		合计	
	奉化区	宁波市	奉化区	宁波市	奉化区	宁波市	奉化区	宁波市
应收账款周转率	5.46	6.25	4.73	3.51	3.36	9.26	4.78	4.47
存货周转率	5.16	4.72	3.99	4.92	8.45	5.15	4.15	4.88

(续表)

指标名称	纺织业		纺织服装、服饰业		化学纤维制造业		合计	
	奉化区	宁波市	奉化区	宁波市	奉化区	宁波市	奉化区	宁波市
流动资产周转率	1.75	1.32	1.25	1.32	1.10	1.60	1.30	1.35
总资产周转率	1.11	0.86	0.85	0.94	0.97	1.00	0.88	0.92
资产负债率(%)	74.81	51.07	65.02	52.00	51.82	78.44	65.86	54.45

资料来源:奉化区、宁波市统计局。

表 3-8　2015 年奉化区、宁波市规模以上纺织服装业分行业运营指标比较

指标名称	纺织业		纺织服装、服饰业		化学纤维制造业		合计	
	奉化区	宁波市	奉化区	宁波市	奉化区	宁波市	奉化区	宁波市
应收账款周转率	5.62	6.55	4.99	4.44	6.08	10.73	5.08	5.40
存货周转率	4.61	4.36	3.79	4.93	10.04	4.76	3.93	4.71
流动资产周转率	1.68	1.35	1.06	1.42	1.67	1.48	1.12	1.40
总资产周转率	1.08	0.86	0.82	1.00	1.38	0.97	0.85	0.95
资产负债率(%)	74.57	50.84	68.01	53.43	42.20	79.85	68.42	55.86

资料来源:奉化区、宁波市统计局。

表 3-9　2015 年全国分行业及主要省份规模以上纺织服装业运营指标比较

指标名称	全　国				主要省份			
	纺织业	纺织服装、服饰业	化学纤维制造业	合计	浙江省	江苏省	山东省	广东省
应收账款周转率	15.16	12.22	15.06	13.90	7.89	12.64	36.59	11.75
存货周转率	10.05	9.55	8.35	9.63	6.86	8.94	14.33	9.57
流动资产周转率	3.20	2.94	2.22	2.96	1.79	2.81	5.23	3.19
总资产周转率	1.64	1.69	1.08	1.56	1.07	1.49	2.31	1.93
资产负债率(%)	52	48	61	52	60	56	46	53

资料来源:中国纺织工业发展报告。

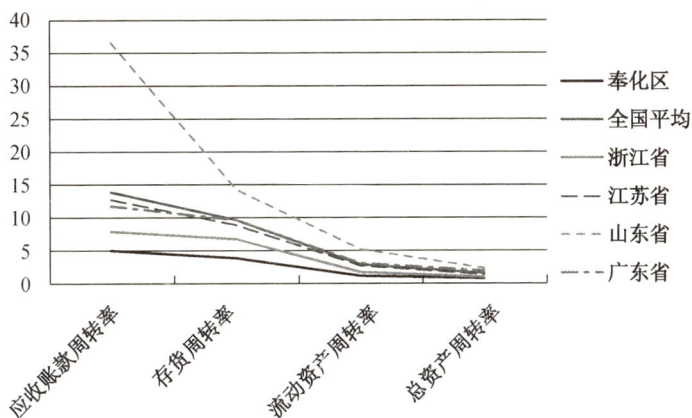

3-4 奉化区纺织服装产业资产运营指标与全国平均及主要省份比较

人均产值与利税均低于宁波同行业。从人均经济指标看,人均各项指标均低于宁波同行业。人均产值、人均出口均不到宁波市平均一半水平,说明人均劳动效率低,人均利润、人均利税也远低于宁波市平均水平,表明人均获利能力弱,人均劳动报酬低于宁波市平均1.08万元。细分行业看,奉化区的化学纤维业数量少,人均劳动报酬较高。份额占比大的服装业人均产值、人均利税等指标都远低于宁波市同行业。

表3-10 2016年奉化区、宁波市规模以上纺织工业人均经济指标比较(万元/人)

项目	奉化区	宁波市	差异
人均工业总产值	25.79	52.74	-26.95
人均销售产值	24.99	51.06	-26.07
人均出口交货值	5.90	18.07	-12.17
人均主营业务收入	25.17	51.27	-26.1
人均利润	0.19	2.87	-2.68
人均税金	0.99	1.57	-0.58
人均利税	1.18	4.44	-3.26
人均劳动报酬	4.21	5.29	-1.08

资料来源:宁波市和奉化区统计局。

表 3-11　2016 年奉化区与宁波市规模以上纺织工业分行业人均经济指标比较(万元/人)

指标名称	纺织业		纺织服装、服饰业		化学纤维制造业		合计	
	奉化区	宁波市	奉化区	宁波市	奉化区	宁波市	奉化区	宁波市
人均工业总产值	52.49	63.13	23.61	42.66	55.13	159.76	25.79	52.74
人均销售产值	50.58	60.85	22.92	41.36	51.52	155.35	24.99	51.06
人均出口交货值	8.29	12.64	5.60	20.54	23.45	11.43	5.90	18.07
人均主营业务收入	49.05	62.02	23.19	41.47	55.76	150.92	25.17	51.27
人均利润	0.87	4.50	0.12	2.37	2.49	0.53	0.19	2.87
人均税金	2.16	1.91	0.90	1.34	0.84	3.13	0.99	1.57
人均利税	3.04	6.41	1.02	3.72	3.32	3.66	1.18	4.44
人均劳动报酬（万元/人）	4.60	5.12	4.16	5.36	7.21	5.10	4.21	5.29

资料来源:宁波市和奉化区统计局。

3. 国内同行产业发展加速,竞争加力

国内深圳、广州、厦门、泉州、杭州等纺织服装产业区域多年前已经从 OEM 转为有自有品牌的营销渠道加工模式,尤其是邻近港澳的深圳和广东,其经营模式是国内先进的,服装设计在全国是领先的,品牌和设计创新使他们形成了独特优势,产业集群升级领先。

近年来,江苏、广东、山东、福建等纺织服装产业大省,其增长势头较强。从 2014 至 2015 年主营业务收入增长比较来看,宁波市规模以上纺织服装企业增长幅度均低于浙江省及各产业大省和全国。在纺织服装行业竞争白热化趋势下,奉化区纺织服装产业负重前行。

4. 产业仍属低端"生产集群"

现代产业集群理论认为,产业集群是一群在地理上靠近而相互联系的企业和机构,它们具有产业联系而且相互影响。通过联系和互动,在区域中产生外部经济,从而降低成本,并在相互信任和合作的学习氛围中促进技术创新。

现代产业集群理论是在发达工业化国家某些区域的历史经验基础上提出

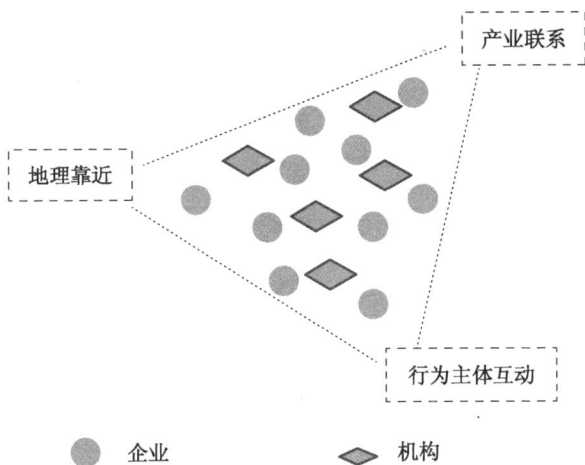

图 3-5　创新产业集群状态示意图

的,而发展中国家工业化初期的所谓集群与之大相径庭。从全世界来看,集群被
划分为两大类。一类是在北美和西欧等地的经济增长中产生重要作用的成功的
产业集群,称为高端道路和基于创新的集群,又称为"创新集群";二是低端道路
和基于低成本的集群,又可称为"生产集群"。第一类的"创新集群"具有良好的
创新、高质量、功能灵活性和良好的工作环境;在良好的法规制度下企业间自觉
地发展合作关系;第二类的"生产集群"参与竞争的基础是低成本,企业虽然在很
近的地理范围工作,却很少共享信息、讨论问题,企业间的合作只是偶然的或不
存在的,企业间出现恶性竞争。

　　产业集群具有三个方面的重要特征:一是行业主体地理上的邻近;二是产
业间联系;三是行为主体间互动。那么,现代产业集群内涵不仅仅是主体在地
理上的靠近,更重要的是企业之间有产业联系而且相互依赖,包括上下游的投
入产出联系以及非贸易的相互交流,亦是企业相互捆绑在一起;理想的产业集
群行为主体是相互作用相互影响,是一种动态关系,具有促进技术创新的冲
击力。

　　奉化区服装产业长期以来基本处于城镇区块状集聚,块状经济特征明显。
尽管经历将近四十年的发展和产业调整转型,但尚未具备现代意义上的"创新集
群"特征,其竞争仍然在相当程度上依赖于低成本竞争。随着生产要素综合成
不断提升,这种低成本竞争优势风光不再。全区产业中除了几个大型企业以外,以
代工和 OEM 类型企业居多,总体处于产业链中的制造环节。虽然近年来,企业

开始向技术研发、营销创新方向转型,但在设计和营销等高端的价值链所占份额不高。产业中较少共享信息、讨论问题,企业间的合作非常态,企业间甚至存在恶性竞争。

5. 主体角色弱化,共享平台缺位

产业集群的行为主体包括企业和机构两大部分,企业是产业集群中经济运营和技术创新的行为主体,机构是产业集群行为主体的核心。企业包括生产商和生产服务商。生产商又包括上下游配套关系的供应商、制知商和客商等;可能有大型企业,也可能只有中小型企业,甚至是微型企业。发达的产业集群内所包含的企业除直接制造产品的生产商之外,还有生产服务提供商。生产服务在产业集群中的发展是产业集群升级和发达的象征之一。生产服务商包括金融、销售、市场研究,设计、教育和培训、技术转让等活动方面的服务提供商。机构包括:一类是提供知识的机构,即与本地优势产业密切相关的专业性科研机构和大学、职业学校、技术创新中心、咨询机构、技术标准机构、质量检测中心等;另一类是为行为主体提供服务的机构包括商会、行业协会等。处于同一行业中的企业面对同样市场和资源,往往处于直接或间接的竞争之中。行业协会类的机构在集群升级进程中起到无法替代的作用。行业协会是集群中企业间组织联系程度的一个指标,不论成功与否,集群都和协会组织相伴,协会组织活动给企业带来影响并促进企业间的联系。

在奉化纺织服装集群主体群像中企业主体丰富,大中小企业俱有,而知识提供机构(专业性科研机构和大学、职业学校、技术创新中心、咨询机构、技术标准机构、质量检测中心或服务平台等机构)却是凤毛麟角;行业协会(虽然目前有奉化服装商会,但职能不能替代专业协会)、服务平台主体更是缺失。那么,主体缺位必然导致集群中主体间的联系及互动弱化,企业之间缺乏联系和分工、专业化的服务性企业和机构不足,产业集群内协同共振效应低下,未形成有效的创新环境,促进产业集群升级。

6. 研发投入较少,新产品开发及创新较弱

2016 年奉化区纺织服装工业总产值占奉化全区的 9.22%,而新产品产值只有 1.36 亿元,仅占奉化全区新产品产值的 1.64%。纺织服装企业在产品研发和创新上不够,研发投入不足。与宁波市纺织服装业同期比较,2016 年宁波市纺织服装新产品产值比率为 32.17%,而奉化区纺织服装业只有 2.7%,相差很

远。奉化全区新产品产值比率 15.15%，行业创新滞后明显。

表 3-12 2016 年奉化区、宁波市规模以上纺织工业分行业新产品产值比较

指标名称	纺织业		纺织服装、服饰业		化学纤维制造业		合计	
	奉化区	宁波市	奉化区	宁波市	奉化区	宁波市	奉化区	宁波市
新产品产值(亿元)	1.06	131.30	0.31	215.86	0	41.02	1.36	388.18
新产品产值比率(%)	15.18	33.89	0.72	31.93	0	28.63	2.70	32.17

资料来源：奉化区、宁波市统计局。

对比近四年的研发投入及新产品产值，新产品产值和新产品产值率依然低位，科技投入减少。

表 3-13 2013—2016 年奉化区规模以上纺织服装企业新产品产值比较

项目	2013 年	2014 年	2015 年	2016 年	
	数值	数值	数值	数值	同比±(%)
新产品产值(亿元)	1.06	1.24	1.67	1.36	−18.68
新产品产值比率(%)	2.04	2.5	3.3	2.70	−14.01
科技活动经费支出(万元)	2 602	2 746	1 925	1 526	−20.74

资料来源：奉化区、宁波市统计局。

7. 产业吸引力下降，人力短缺用工荒

纺织服装产业是劳动密集型产业，在快速发展时期提供了大量的就业岗位，吸引了数以万计的务工人员。奉化纺织服装企业的一线工人主要来自江西、安徽、四川等地，本地用工为少数。随着中西部经济崛起留住大量外出务工人员本地就业，再加上外来人员的长期留用用需要社会保障、子女入学等现实问题未能较好解决，外地用工人员流入减少。本地居民在新农村建设中财富速增，本土人员到服装企业就业动力弱化。因此，企业用工难，企业留不住人，人员流失较为严重。人力资源仍是制约纺织服装发展的重要因素，全行业各类人才紧缺，包括高级管理人员、专业技术人员、服装设计师和熟练工人。

（四）产业发展机遇

1. "中国制造 2025"试点示范创建城市的历史性机遇

主动适应新一轮产业变革、加快发展智能装备，是改造提升传统产业、加快制造业转型升级的迫切要求和必然之举。2016 年 8 月，宁波市被国家工业和信息化部批准成为"中国制造 2025"第一个示范城市，"智能制造"号角吹响。2017 年 3 月 10 日，市政府印发《关于宁波市推进"中国制造 2025"试点示范城市建设的若干意见》（以下简称《若干意见》）。

《若干意见》力推制造业智能升级、制造业供给侧结构性改革，打造新型产业体系构建"3511"的产业体系。"提升发展以汽车制造、绿色石化、时尚纺织服装、家用电器、清洁能源为代表的五大优势产业"的发展战略，"时尚纺织服装"产业是重点产业之一。加快推进时尚纺织服装产业品质化发展，传统优势产业的转型升级发展路径更加清晰。

《若干意见》提出了 22 条政策——鼓励引进大企业、大集团；鼓励新建重大工业投资项目；鼓励企业加大工业技改投资；重点支持八大细分行业和优势产业集聚发展，择优选择产业基础好、发展空间大、龙头企业带动力强的区县（市），由市、县两级共建千亿级"特色产业示范园"，分阶段滚动培育一批高端产业集群。鼓励重点企业创新发展；支持市场化招商，鼓励企业、机构、平台等市场主体开展招商，对已开工建设的招商项目，按项目当年实际完成的固定资产投资总额给予一定比例的奖励；鼓励企业实施智能化改造、鼓励智能制造工程服务机构发展；建设高水平制造业产业技术研究院。面向八大行业细分领域，支持骨干企业、高校院所牵头合作共建高水平产业技术研究院；……22 条政策精准扶持产业实现智能制造。宁波创建"中国制造 2025"试点示范城市，打造国内一流的智能制造强市行动是奉化区纺织服装产业升级的前所未有的机遇。

2. 奉化区纳入宁波主城的"地利性机遇"

2016 年 11 月 17 日，奉化撤市设区，正式纳入宁波主城区。撤市设区后的奉化与宁波中心城区无缝对接，全面融合将指日可待。撤市设区，奉化的县域经济加快向都市经济转型，经济跳出了行政区划的樊篱、区域协同化按市场联系来组织发展。依托宁波市重点优势产业，奉化区纺织服装产业在都市经济模式下，迎来了重大发展机遇。

3. 时尚产业大发展和消费升级——"人和"性趋势

作为都市产业的典型代表——以服装产业为核心的时尚产业是创造美好时尚生活的基础性消费品产业和民生产业,是文化创意、技术进步和时代变迁的创新型产业。发展时尚产业是促进服务业和战略性新兴产业比重提高、水平提升,加快传统产业转型升级、培育新经济增长点的重要举措。浙江省明确提出加快培育发展时尚大产业,力争到 2020 年把时尚产业培育成为总收入超万亿元的大产业,基本建成国内领先、具有较强国际竞争力的时尚产业基地,形成以设计、营销为核心,以智能制造为基础,以自主品牌为标志的时尚产业体系,实现从传统产业加工制造中心向以创意设计引领的时尚产业创造中心转变,成为中国时尚产业发展的先行区和示范区。2015 年 6 月,浙江省发布《浙江省时尚产业发展规划纲要》。规划纲要选择一批具有较大带动性、较快成长性的时尚产业,作为重点发展领域,主要包括时尚服装服饰业、时尚皮革制品业、时尚家居用品业、珠宝首饰与化妆品业和时尚消费电子产业等五大领域。依托浙江省服装服饰业基础,时尚服装服饰业成为浙江省时尚产业发展规划之首。宁波市政府发布的《宁波市时尚产业名城建设规划(2015—2020 年)》亦将服装服饰业作为时尚产业重点发展领域。时尚产业大发展的趋势,带给奉化区时尚(服装)产业发展来新势能。

4. 消费市场变革成为产业发展转机

在互联网技术、移动互联网和社交媒体广泛应用生活及商业领域时,消费市场正迎来一场巨变——消费者主权的崛起。这场变革将引领人类的新商业文明和全球经济增长的新模式。消费者市场处于一个重要的转型时刻——从"以客户为中心"的消费社会向"消费者主导世界"快速演进。消费者不仅是社交的(Social)、本地化的(Local)、移动的(Mobile),而且也是个性化的。消费者从无知到见多识广,他们在消费过程中发生了三大变化,他们渴望消费民主、消费自由、消费平等。消费者主动、深度参与到供应链的关键环节,能够随时随地随心地消费,消费变革正在进行。变革的消费给服装产业带来启示:

消费升级培育时尚消费。随着全球时尚消费市场体量的增大,新消费结构的升级已经开始。《2017 网络时尚消费趋势报告》显示,2016 年全球时尚消费总额达 2.4 万亿美元,消费者对于时尚消费的需求,经历了满足日常需求的"朴素消费时期"和泛化消费的"时尚启蒙时期",目前正在朝着供需充足的"时尚升级时期"迈进。

男性时尚消费崛起。"潮牌"和原创品牌越来越受到年轻人的喜爱。尤其是"潮牌",年龄越小对"潮牌"的偏好度越高。男性则是推动"潮牌"的主要力量,带"潮牌"的商品中男装占比超过 70%。年轻人对"潮牌"的偏好尤其显著。尼尔森数据显示,中国男性消费者对"美丽"的消费动力逐渐上升。相关数据显示,我国男性消费群体已达 5.5 亿人次,男性时尚消费潜力巨大,消费主力军中年轻男性人口占比基本保持平稳,近年来在跨境网购、奢侈品等多个领域男性的消费增速明显高于女性。

年轻群体消费力上升。年轻对应着冲动消费,在时尚消费领域,"90 后"消费群体在时尚消费领域的消费金额在逐年增加,个性化与新鲜感成为年轻时尚消费者购物的主要动机。越新颖的商品,年轻人的消费占比就越高。

消费变革,消费者主权崛起,消费者主导世界,成为纺织服装企业产品开发、产品设计的导引。以"男装"为特色产品的奉化服装在这场消费变革之际,要紧紧抓住巨大市场和商机。

综合判断,为适应快时尚、快交货、高质量、低成本的市场需求,奉化区服装产业必须加快模式、技术和管理创新,加快产业平台和企业平台建设,以更好地整合资源、创新商业模式、创新运营系统、完善产业链。依托宁波城市发展战略和奉化服装产业基础,迎合消费升级大趋势,集合国内外优质高端时尚资源,大力营造时尚(服装)产业"新业态",构筑时尚产业"新平台",建设产业发展"新空间",实现奉化区时尚(服装)产业转型升级,推进产业可持续发展,为奉化区乃至宁波经济贡献增加"新动能",乃是十分迫切的艰巨任务。

（五）产业发展建议

1. 发展思路

以科学发展观为纲,贯彻落实创新、协调、绿色、开放、共享发展理念,以国家《纺织工业"十三五"发展规划》《中国服装行业"十三五"发展纲要》《浙江省国民经济和社会发展第十三个五年规划纲要》《宁波市国民经济和社会发展第十三个五年规划发展纲要》《中国制造 2025 宁波行动纲要》明确的发展战略为指导,以创建"中国制造 2025"试点示范城市为契机,以建设宁波"3511"产业体系为行动纲领,紧紧抓住奉化由地级市变为宁波主城区的城市化发展机遇,用前瞻性的战略眼光谋划产业宏图。以服装产业优势和"红帮"精神为产业发展底蕴,打造时尚服装产业;以两化(信息化和工业化)深度融合的智能制造体系和科技创新为产业发展引擎,建设高质高效的现代服装产业体系;以结构调整和产业升级为主攻方向,培育具有持续创新能力、跨区域资源配置能力企业和服务平台。全力推进奉化区服装产业可持续发展,提升产业核心竞争力,力争用3~5年将奉化服装产业建成具有竞争新优势的时尚服装产业区。

2. 重点任务

——**推进产业集群升级**。完善产业链环节、协调产业链中的上下游关系,着力建设科学、优质、高效的产业链体系。建设网络化、数字化协作服务体系,实现产业链协同发展。促进不同规模、不同经营方式企业形成依存共生的产业群落;推动中小企业做专、做精、做特,大企业做强,推进建设产业制造生态体系。引导产业组织方式变革,构建产业发展新模式、新架构。

——**推进产业智能化**。一是装备智能化。着力提升基础装备水平,推进人工转机器、单机转单元、机械转自动、自动转智能设备更新,推广应用智能的高效直驱式数控缝制设备,推进缝制设备智能化。二是生产过程智能化。加快生产流程再造,推广应用集成系统,加强系统连接和组合,实现平台集成应用,试点建设自动化、智能化生产间。三是经营管理智能化。推动研发设计、生产制造、检验检测、数据管理、工程服务等云应用信息化服务平台建设,实现设计、制造、销售、管理等环节的资源整合,实现需求预测、产品设计、柔性加工、供应链优化全程数据支持,逐步推进智能化经营管理。

——**文化塑造**。以塑造产业文化软实力为目标,强化产业文化建设。推动产业注入现代人文价值文化,以精益求精的工匠精神、创新精神为底色,打造符合契合消费需求的服装新文化。引导企业将文化能量融入产品和品牌,提升品牌内涵,形成富有特色的品牌文化,时尚文化。

——**人才建设**。通过培养、引进或者合作方式,加快人才队伍建设,加强高素质专业基础人才培养,发展服务人才体系,建设服装行业专业化程度高的多层次人才队伍。

3. 实施举措

——**创新政策扶持**。一是优化财政支持。加大对时尚服装产业发展专项支持力度,培育智能化、时尚化重点企业,每年安排数百万元产业基金,重点用于支持产业智能化、时尚化项目。二是创新扶持方式。充分发挥财政资金杠杆作用,吸引社会和企业资金投入产业智能化、时尚化领域。鼓励行业协会、龙头企业、专业运营机构牵头建立时尚产业基金,扶持产业发展。

——**推进重大项目**。积极谋划、联络、对接时尚服装产业重大建设项目。从奉化区发展战略高度,结合区域实际,谋划、引进 1～2 个重大项目(例如,浙江纺织服装职业技术学院正在谋划的智能创新中心),争取列入宁波市级支持项目。

——**构建时尚服装产业平台**。服装产业是时尚产业,创意设计是产业创新基础。大力培育、发展时尚产业是传统优势服装产业可持续发展的必然之举。奉化时尚服装产业平台构建包括三个层面:一是可以由政府协调,企业、科研院所、专业机构联合建设时尚设计平台,引进国内外有影响力的创意设计人才,培育时尚创意企业,研发设计时尚产品。二是搭建时尚展览交易平台,引进或举办影响力大的会展活动。通过时尚产品展示、举办交易活动,塑造奉化时尚服装产业新形象,促进奉化服装成为影响力、竞争力强时尚创意产业。三是引进时尚服务平台。由专业运营机构组织开展国内外时尚文化交流会、时尚研究论坛、时尚人才培训等活动,不断提高产业时尚创意水平。

——**完善政产学合作机制**。**由政府主导**,引进一所服装类高等教育院校,或者采取与之紧合作方式,加强研究开发与人才培养。依托教育资源,联动协会、企业建立学产人才培养模式,完善政产学合作运行机制。